幸せ住空間セラピスト
古堅純子

片づけ0ですっきり暮らす

稼動率が上がる
収納術

大和書房

景色を保つために収納力を上げる

景色をキープするカギは「稼動率」という考え方

片づけをしなくても、毎日すっきり暮らせるようになるために大切なのは、「収納力」を上げること。物の量を減らさなくても、収納場所を増やさなくても、「収納力」を高めれば物が散らからなくなります。

収納力を上げる大切な要素は4つあり、「動作ポイント」「ゴールデンゾーン」「出し入れのしやすさ」、そして「稼動率」です。詳しくは3ページで紹介していますが、要は、いかに「動作ポイント」（行動する場所）の近く（の収納場所）に使いたい物があり、かつ、出し入れがしやすく、使いやすくなっているか、ということ。さらに大切なのが、物がいかに動いているかの「稼動率」です。

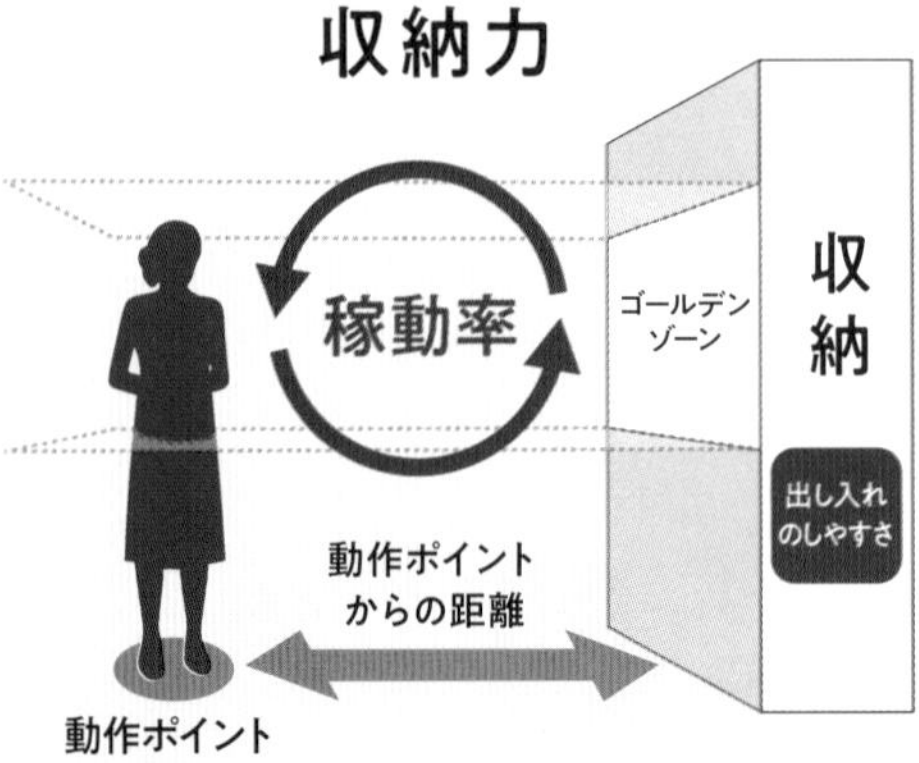

収納力を上げる4つの要素

《1》

動作ポイント

メイクひとつにしても、リビングでする人もいれば、洗面所でする人もいるし、寝室でする人もいて、人によって「行動する場所」が異なるわけです。この動作ポイントからできるだけ距離が近い収納に、そこで使う頻度が高い物を入れることで、「すぐに出せる」「すぐに戻せる」ようになります。

《2》

ゴールデンゾーン

「物の出し入れがもっともしやすい場所／人の腰から背丈までの高さ」を、私は「ゴールデンゾーン」と呼んでいます（座っているときのゴールデンゾーンは「人の腰からバストアップまでの高さ」）。収納のこのゾーンに「よく使う物」を置いておくと、物をパッと出して使うことができ、収納力が高まります。

《3》

出し入れのしやすさ

アイテムごとに物をしまいたがる人が多いのですが、「（ゴールデンゾーンに）よく使う物だけを収納する」「ワンアクションで、見えるように収納する」「仕組みを使って収納の中を仕切る」ことが大切。「すぐに出せて、すぐに戻せる」環境をつくれば、物が散らかりにくくなります（詳細は４～５ページ）。

《4》

稼動率

稼動率とは「収納におさめた物がどれだけ動いているか」ということ。動作ポイントから距離の近い収納の、特にゴールデンゾーンは、稼動率が100%であることがベスト。ほぼ使わない物は「僻地の収納」に埋めて、稼動率0%でもOK。物がどれだけ動くか、その頻度によって置き場所を変えます。

RULE

1

「使う」と「戻す」の動線を短くする

思い込みを外すと置く場所が見えてくる

リビング

テレビ台下の収納の中は、メイク道具、仕事道具、充電ケーブルなど、今使う物だけを入れている。1秒で出せるから、1秒で戻せる。

先ほども申し上げましたが、人によって「その場で何をするか」は異なります。また、子どもの成長とともに「動作ポイント」は大きく変わります。

わが家の場合、10年前はリビングでよく子どもがテレビゲームをしていました。当時、子どもの動作ポイントから距離の近いテレビ台下の収納には、ゲーム機やゲームソフトを入れていたわけです。

けれども10年後の今、子どもは成長し、テレビゲームをしなくなりました。そのままテ

キッチン収納を縦のラインで考えると、上にマグカップやコップ、下に茶葉や粉末スープ、真ん中に作業スペースがあると、作業効率が上がる。

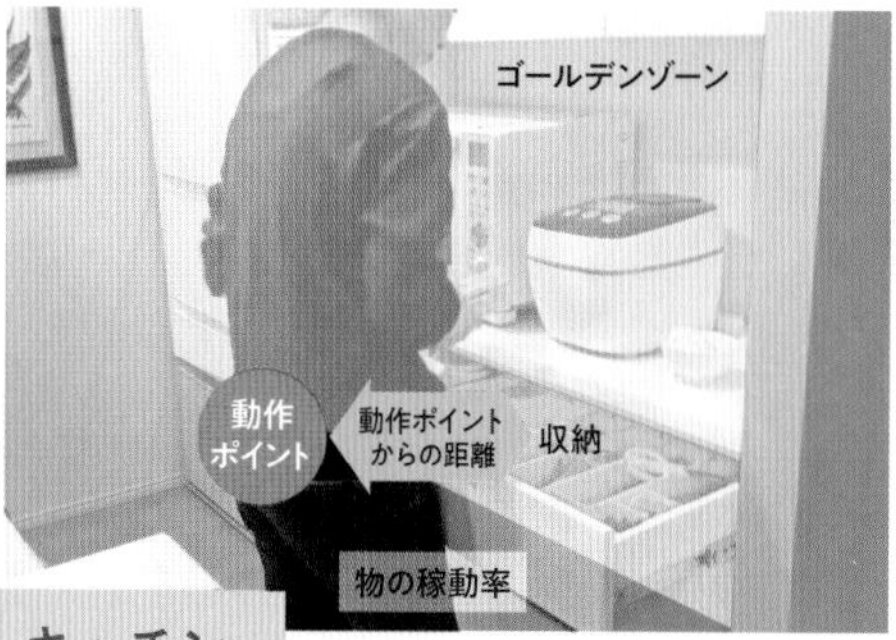

キッチン

動作ポイントから近い収納は、物の稼動率を100%に。キッチンの引き出しには、毎日使う目薬やサプリメントなども入れている。

① マグカップ類と、お茶・粉末スープなどのストック食材を縦のラインでそろえて収納。
② 作業スペースで、マグカップに粉末スープを入れる。
③ 引き出しに入っているスプーンでかき混ぜる。

レビ台下の収納に入れっぱなしにしておけば、稼動率は０パーセント。収納力がかなり弱くなります。

今は、私がリビングでメイクをしたり、仕事をしたりするので、このテレビ台下の収納は、私のメイク道具や仕事で使うパソコンが入っています。

一般的には「テレビ台下の収納にはＤＶＤを入れる」という常識があると思いますが、ＤＶＤをほぼ見ない家庭がここにＤＶＤを入れていたら、稼動率は下がり、収納力が弱まります。

部屋の景色をキープするためには、そういった「収納場所の思い込み」を外すことがとても大切です。

RULE

2

心臓部分の収納の稼動率を上げる

玄関、キッチン、リビングにつながる収納スペースが肝

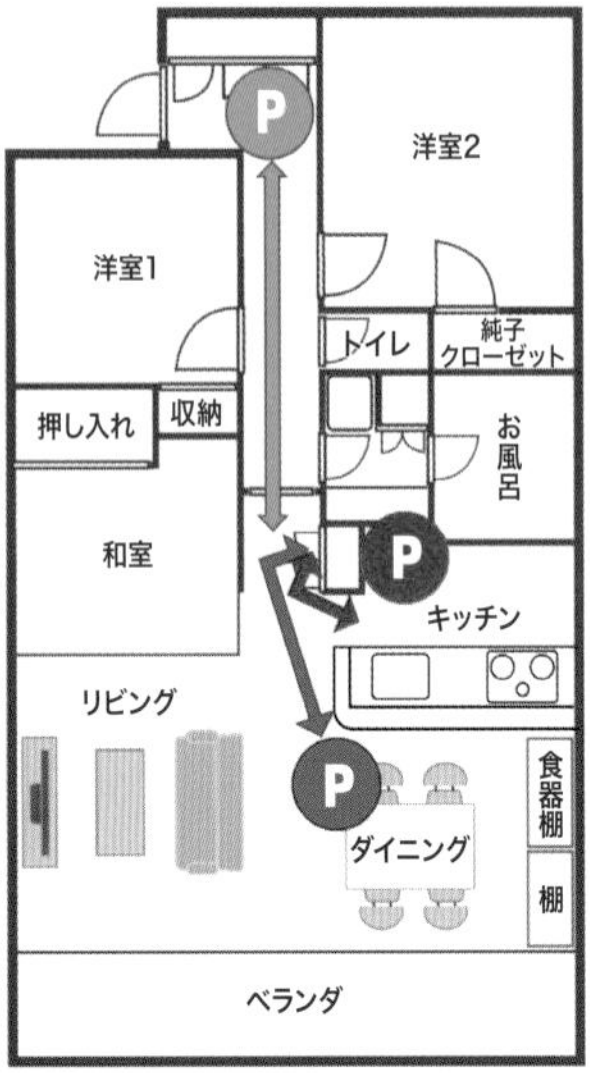

典型的なマンションの間取りであれば、家の真ん中部分にあたるリビング収納が心臓部分になる。洗面所からも近くて便利。

家の中でいちばん大切な収納、言ってみれば心臓部分にあたる収納は、「玄関からも、リビングからも、キッチンからもアクセスのいい場所」です。帰ってきたら必ず通る、リビングやキッチンから出るときも必ず通る、さまざまな動作ポイントから距離が近い場所です。

このいちばん重要な収納の稼動率が0パーセントだと、どんなに整理整頓《せいとん》をしてみたところで片づくわけがありません。まずは、わが家の「心臓部分の収納」がどこにあたるの

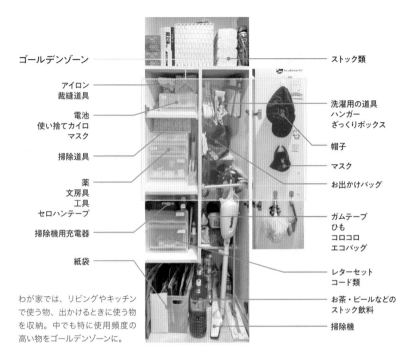

わが家では、リビングやキッチンで使う物、出かけるときに使う物を収納。中でも特に使用頻度の高い物をゴールデンゾーンに。

か考えてみてください。

この収納場所に何を入れるのか。それを検討するためには「どのような暮らしをしたいのか」、そのうえで「行動ベースで」物の収納を考えることです。

たとえば、ストック食材をクローゼットに入れている方がいました。料理をするたびに食材を取りにいくだけでかなり面倒。そういった食材をすぐに取り出せるよう、この心臓部分の収納に入れておくのもいいでしょう。玄関に収納がない場合は、ここに帽子やマスク、お出かけ用のバッグなどを入れておくと、動作の流れの中で取り出せます。

そういった、日々使う頻度の高い物をここに収納することで稼動率が上がります。

RULE 3

収納の中に逃がす場所をつくる

ポイントは「バッファゾーン」と「ざっくりボックス」

和室

和室のクローゼットにバッファゾーンをつくることで、取り込んだ洗濯物をチョイ置きしたり、アイロンをかける作業スペースにしたり。扉を閉めれば隠せるのもうれしい。

収納に物をぎゅうぎゅうに詰めてしまっては、出し入れもしにくいですし、しばらくすると物があふれてしまって散らかる原因に。

それを防ぐためには、「収納の中に空きスペース（バッファゾーン）をつくること」。

郵便物や回覧物などの書類、学校からの配布物などをチョイ置きできる「バッファゾーン」（スペースがなければ「ざっくりボックス」）をもうけ、そこがいっぱいになったら見直す、捨てる、整理する、という習慣づけで、すっきり片づいた生活が持続します。

キッチン

キッチンの奥にある収納の、下のほうのスペースは、買ってきた物、お米や飲料など重たい物をチョイ置きする場所として空けておくと便利。キッチンの床に直置きすることも防げる。

ざっくりボックス

リビング

リビングに収納がない場合は、部屋の景色をこわさない程度の「籐のカゴ」や「見映えのいいボックス」を置いてざっくりボックスとして活用。棚の上に置きがちな書類などもざっくりボックス（紙ポスト）に入れればすっきり。

押し入れ

バッファゾーン

ファミリークローゼット

バッファゾーン

押し入れやクローゼットのゴールデンゾーンをバッファゾーンにし、奥に仕事道具や書類を置けば、手前はちょっとした仕事スペースにも。もちろん、チョイ置きスペースにもできて一石二鳥。

CASE

1

お金をかけて物を捨てたのに片づかない家

「動作ポイント」の近くで稼動率を上げる

共働き夫婦
男の子3人

戸建て

玄関入ってすぐの使い勝手の悪い部屋は、物置部屋に。ポールをつけたり、棚を入れて家族みんなの衣類を整理してみたものの、いまいち使いきれておらず。玄関やリビング、廊下にも荷物がいっぱいに……。

家中に散らかっていた物をここに集結させ、仕組みをつくることですっきりと。真ん中には作業台を置き、家事ができるスペースも。扉の向こうの奥のクローゼットには、今は稼動していない季節ものの衣類を収納。

YouTube『週末ビフォー アフター』

169話　170話　171話　174話　175話

BEFORE

家族の洋服が壁一面にまとめられているものの、収納袋に入れられているなど雑然としていて、クローゼットとしてはかなり稼動率が低い。

AFTER

衣類ライン

リビングダイニングライン

リビングダイニングで使用する物はダイニングに近い側にまとめた。子どもの学用品なども入り口に近い場所に。

BEFORE

大きな収納棚と床置きされたおむつや食品ストックのダンボールが、引き戸をふさいでいる。棚の中身もほぼ動かないまま。

キッチンライン

AFTER

キッチンペーパーやストック食材、飲料などはキッチン側からも取れるように工夫。今ある在庫もひと目で把《は》握《あく》でき、稼動率が飛躍的に上がった。

CASE
2

物が少ないのに収納力が低い家

稼動率の高い物を出し入れしやすく

共働き夫婦
女の子2人

戸建て

キッチン

BEFORE

食器棚

まばらにまんべんなく収納された食器類。スペースを無駄遣いしているような……。

コンロ下

スカスカに収納されていた調理器具。しかし、ついコンロ下の前の床にお米やゴミなどをチョイ置きしてしまい、使いにくいのが難点。

AFTER

コンロ下

鍋やフライパンなどはコンロの背面にある棚に移動（P.9の上段「キッチン」の写真）。コンロ下には、調理に使う食材や調味料類を収納することで、より稼動率が高くなった。

食器棚

まばらに入っていた食器を中3段に集中させることで、保存容器や食材などよく使う物も食器棚に入り、稼動率アップ！

YouTube『週末ビフォー アフター』

177話　178話　179話

物置部屋

ストック用品やパパの自転車が雑然と置いてあった物置部屋。ストック用品は廊下収納へ。トレーニング器具やパパの衣類をこの部屋に移動させ、パパの個室に。

お父さんの部屋

よく着る洋服やおもちゃをダイニングに置いていたことで、こわれていた景色。衣類やおもちゃは隣の和室（寝室→フリースペース）に移動させてすっきりと。

ダイニング

CASE
3
+++++

収納は充実しているのに台所の使い勝手が悪い家
白い収納ケースは引き出しの中で上手に活用

共働き夫婦
女の子2人

戸建て

食材の置き場所

キッチン脇に広いパントリーがあり、収納場所もたくさんあるお宅。調味料がパントリーにあり、料理をするたびに何歩も歩く、非常に疲れるキッチンでしたが……。

BEFORE

パントリー

白い収納ケースに調味料やストック食材を入れると、何がどこにあるのか把握できず、また同じ食材を買ってきてしまうことも……。

AFTER

コンロの後ろ

パントリーの白い収納ケースに入っていたストック食材は、「火のライン」の引き出し収納に移動。ひと目で残量も把握でき、管理しやすい収納に。

YouTube『週末ビフォー アフター』

143話

144話

コンロ下

コンロ下に雑然と入れてあった鍋やフライパンは、事務スペースにあったA4サイズのファイルケースを使って立てて収納。ワンアクションで出し入れできるように。

ゴールデンゾーンにある引き出しには収納ケースを導入し、毎日よく使うカトラリーやコップのほか、ラップなどを整理して入れることで、稼動率100%に。

引き出し

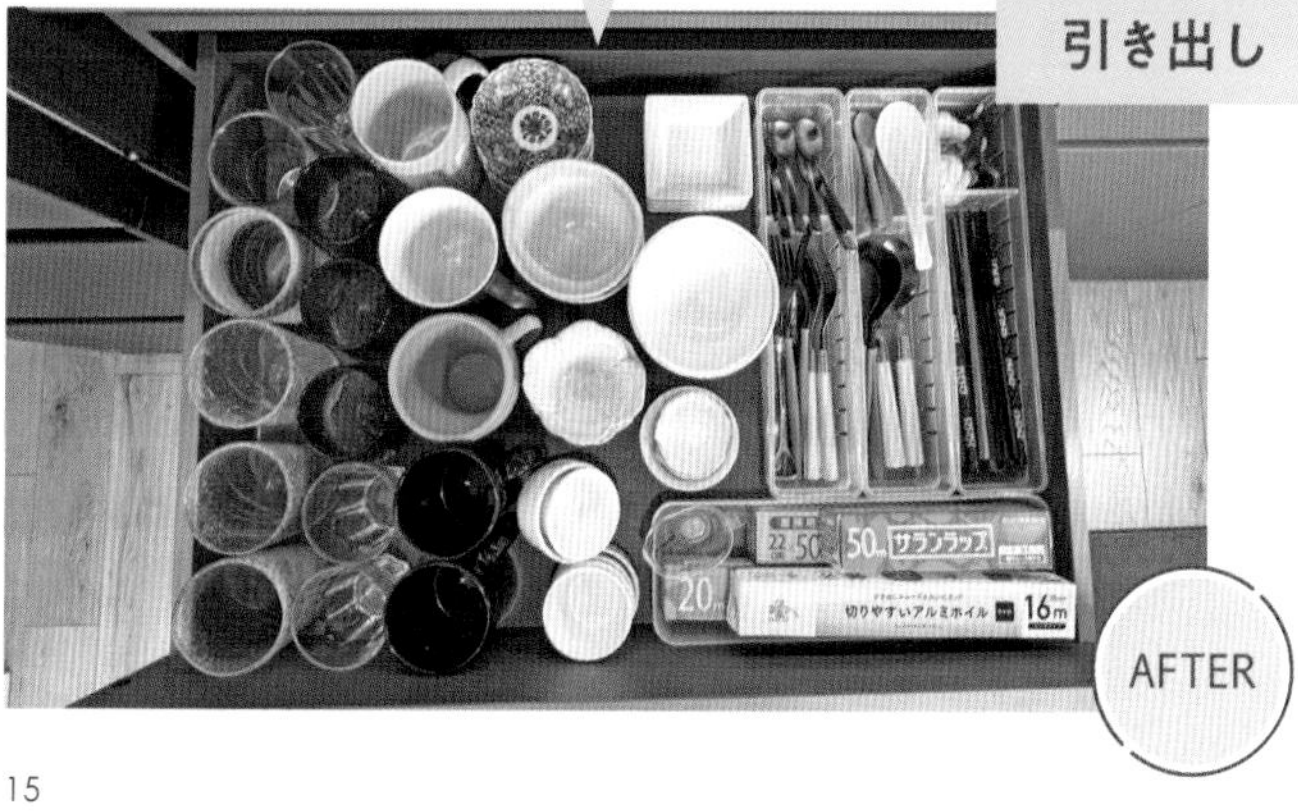

CASE

4

使いにくいキッチン収納に悩む家

ダブルアクションからワンアクションへ

共働き夫婦
女の子1人
男の子1人

戸建て

キッチン

吊り戸棚

白い収納ボックスに入っていると、中身がわからずストックの把握がしづらい。しかも、扉を開けて、さらに収納ボックスも取り出すという「ダブルアクション」で使いにくい収納に。

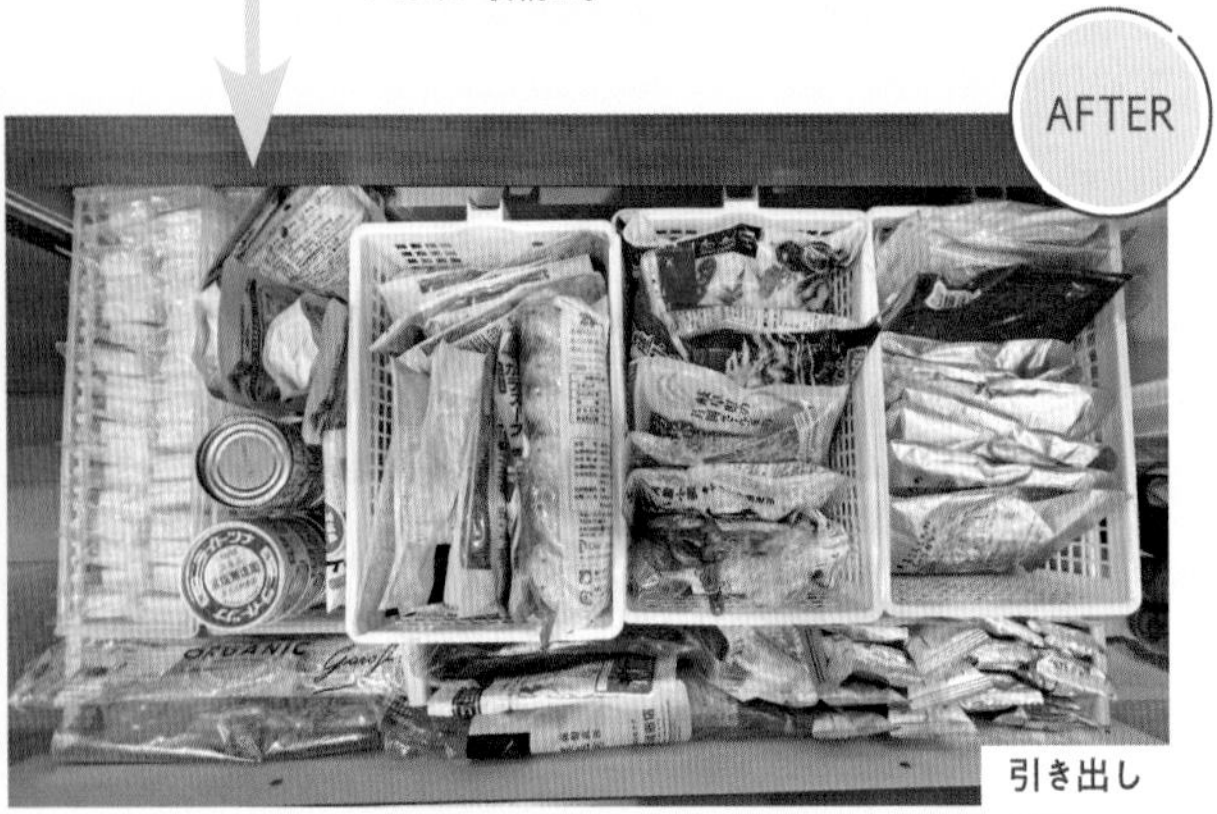

引き出し

ストック食材は引き出しの中でまとめて管理すれば、ワンアクションで取り出せる。パッと見て残量がわかって管理がしやすく、稼動率もアップ。

YouTube『週末ビフォー アフター』

100話　101話　102話　103話　104話

はじめに

私は片づけが嫌いです。

できるなら、何もせずに家でダラダラして暮らしていたい。片づけによけいな時間を使いたくないのです。

私がこの仕事をしているのは、片づけをしたくない！　その一点に尽きると言ってもいいでしょう。

片づけをするのが三度の飯より好きな人には、私の「片づけ」は響かないかもしれません。子育てや仕事に追われ、時間や心にゆとりのない方の役に立ちたくて、「なるべく楽な暮らし」「景色のいい部屋でゆっくりできる頑張らない暮らし」を実現するため、「古堅式の片づけ」にたどり着きました。

前回の本『物に囲まれてすっきり暮らす』（大和書房）で、私は

寄せて ⇩ 埋めて ⇩ 更地をつくり ⇩ 景色を変える

という片づけを提案しました。

物ひとつひとつに向き合って、「いる」「いらない」をやっている限り、片づけは永遠に終わりません。だから物を一気に寄せてしまいます。「寄せる」というのは、

①ひと部屋つぶして物置部屋をつくり、そこに保管する

②手が届きにくい不便な場所にある収納や、あまり使っていない部屋の収納（それを私は「僻地《へきち》」と呼んでいます）に入れておく

こと。なお、私は、寄せていったん保管することを「埋める」と呼んでいます。寄せる場所がないときの対策も、前回の本で紹介しました。

物を寄せて、埋めるだけなら、片づけが苦手な人でもできます。

埋めた物の行く末は、おいおい考えるとして、ひとまず、寄せて更地をつくる。すると部屋の景色が劇的に変わります。まっさらに戻った景色を見ると、人は心がワクワクします。すっきり片づいた新しい暮らしへの意欲がわいてきます。

それが前回の本のポイントでした。

片づけが嫌いな人、苦手な人は、とにかく景色を変えるところまでいってほしい。そこまでいけば、必ず心が動きます。

その気持ちをバネにして、暮らしを変えるきっかけをつかんでほしかったのです。

でも、前回の本には、実は続きがありました。

寄せて、埋めて、更地をつくれば景色は変わります。でも景色を変えただけでは暮らしやすくはなりません。更地をつくって景色を変えたあとが重要なのです。

前回の本であえてそこまで触れなかったのは、とにかく片づけが苦手な人に、スタートラインに立ってもらうことを優先したから。

今回の本は、寄せて、埋めて、更地をつくったあとの話についてです。

更地になって、景色が変わったからといって、好き勝手に物を置いていいわけではありません。

片づけが苦手な人は、スペースがあると、すぐに物を置きたがります。更地に無計画に物を置けば、やがて元の状態に戻るのはあきらかです。

だから、物を置くにしても、すっきりした景色をキープできるような仕組みを考えなければいけません。

そこで、今回の本で強調したいのは**「稼動率」**という考え方です。

「景色をキープするには稼動率」――まずはこの標語を覚えておいてください。

「稼動率」とは、収納におさめた物がどれだけ動いているかということです。

よく使う物、すなわちよく動く物は、すぐ動かせるような収納場所にスタンバイさせる。使わない物、つまり動かない物は、僻地のようなところに埋めておく。

物がどれだけ動くか、その頻度によって置き場所を考え、さらに動かしやすさを考えて仕組みを工夫する。これが「稼動率」にもとづく片づけです。

稼動率100パーセントなら、そこにある物は取り出しやすく、よく動いている。

稼動率0パーセントなら、物はまったく動いていないということになります。

この本では、その「稼動率」を中心に、古堅式の片づけについて書きました。

でも「稼動率」、ちょっと難しい言葉ですね。なので最初に、思い切りやさしく「稼動率」にもとづく古堅式の片づけの極意を説明します。

なんだったら、この本を読まなくても、ここだけ読めば、古堅式の片づけがおおよそわかるようにまとめてみました。

忙しくて、本を読んでいる時間がない！　という方は、これから説明するところだけを読んで実践していただければ、かなり暮らしが変わると思います。

それでは説明します。


古堅式は、まず、寄せて↓埋めて↓更地をつくり↓景色を変えるところから始まります。

次に、変えた景色をどうキープするかが、この本のメインテーマです。そのやり方はこうです。

景色をこわす物は

⇩

みな扉の中に隠して

⇩

景色を保つ

これだけです。物が外に出て散らかっているから景色が悪くなり、部屋が片づきません。だったら外に出ている物をみな扉（収納）の中に隠してしまえばいい。

物が隠れてしまえば、一応すっきりした景色は保たれます。

理想を言えば、隠した収納の中もきちんと整理されていて、物の定位置が守られていればいいのですが、忙しいときはそんなことを言っていられません。

だから、古堅式はとにかく隠す。収納の中で、隠した物がどれだけカオスになっていようとも、扉を閉めて外から見えなければ景色がキープされるので、当面はそれでよしとする。ハードルをうんと下げているので、片づけが苦手な人でもできそうですよね。

でも問題は、収納の中がパンパンで、物を入れるスペースがないということです。だから収納の中を見直して、「動いていない物」は別の場所、僻地などに動かしてスペースをつくるのです。ここに「稼動率」という考え方が出てきます。

整理するとこうなります。

①景色をキープしたい

②そのためには、今、外に出ている物を扉の中（収納）に隠す

③隠すためには、収納が空いていなければならない（収納の中がパンパンだと物が入らない）

④だから、収納の中の物を見直す（＝収納力を上げる）

⑤収納力を上げるために、物を見直すときに「いる」「いらない」ではなく、その物がどれくらい動いているか、つまり「稼動率」で判断する

⑥よく動く物は、取り出しやすい収納の中に隠し、動かない物は僻地の収納に隠す

⑦そうすれば、動いている物と動いている収納だけで暮らしの大半が回るので、片づけが楽になり、景色もキープできる

以上が、古堅式の片づけのやり方です。どうでしょう。誰でもできそうな気がしませんか。

なお、物が動く頻度に応じて、どういうところにどういう物を隠す（収納する）のか、さまざまなノウハウを説明しているのがこの本の内容です。

時間がある方はしっかり読んで勉強してください。本の内容は私のYouTube『週末ビフォーアフター』と連動していますので、あわせて見ていただけると、よりわかりやすいと思います。

また、YouTubeの中では、「稼**動**率」について「稼**働**率」、つまり「動」ではなく「働」という漢字を使っていますが、今回本を書くにあたって、「稼**働**率」を「稼**動**率」に変えさせていただきました。

古堅式は「物が動くこと」に注目しているので、「働」より「動」のほうがより的確だと考えたからです。

暮らしやすさとは、よく使う物がすぐに取れて、すぐに戻せて、その場所が稼動

率100パーセントで回ること。つまり、すぐに隠せて、景色が保たれることです。

といっても、片づけが苦手な人が、いきなり稼動率から入るのはハードルが高すぎます。ですから、先に景色を変えて、心をときめかせるのです。

まずは「片づいた景色（空間）をつくりましょう」というところからスタートして、そこまで到達できたら、今度は収納の中の稼動率を見直して「片づいた景色を維持しましょう」という順番です。

稼動率を上げることで、片づけが楽になり、もっと暮らしやすくなって、景色も維持できます。

この本では、「稼動率」という言葉を切り口に、寄せて、埋めて、更地にして、景色を変えたあとのこと、「それから先」について考えていきたいと思います。

幸せ住空間セラピスト　古堅純子

CONTENTS

CHAPTER 3

「稼動率」を上げる収納とは

COLUMN

場所別 稼動率の上げ方

CHAPTER 4

片づけのいらない仕組みづくり

CHAPTER 5

片づけ音痴のための処方箋

CHAPTER 1

物は
あっという間に
たまる

「物が散らかる家」度チェック

- □ 収納の前に物が置いてある
- □ よく使う物は出しっぱなし
- □ 初期設定どおりの部屋使いをしている
- □ 個人の服や持ち物がいろいろな部屋に散らばっている
- □ 子ども部屋に親の物が置いてある
- □ 玄関を入ってすぐがリビングの間取り
- □ 玄関からリビングまでの動線上に物を置く収納がない
- □ 収納家具に扉がない（スチールラックなど）
- □ リビングにオープン収納がある
- □ 収納の中は動いていない物が多い
- □ お掃除ロボットが気持ちよく床を走れない
- □ 家族のコミュニケーションが希《き》薄《はく》

※チェックが3個以上の人は、物が散らかりやすい傾向があるので注意しましょう。

片づいていない家の特徴は？

生活していれば、物は増えます。家族が増えれば、その人数分だけ物が増えます。そもそも暮らしていれば物が増えるのは当然、と認識しておきましょう。

私は仕事柄、いろいろなお宅にお邪魔しますが、片づいていない家に共通するのは、とにかく物が多すぎること、そして、物が収納ではなく部屋に出しっぱなしになっているという現実です。

物が多くて片づいていないと、多少物が増えてもわかりづらい。2個や3個増えたところで物だらけの景色は変わらないので、無限に物が増えていき、物だらけの悪循環が続いていくという負のスパイラルに陥《おちい》ってしまうのではないでしょうか。

では、なぜ物が増えてしまうのか。そして、出しっぱなしになってしまうのか。片づかない家を観察してみると、いくつか特徴が見えてきます。

①デフォルトのまま部屋を使っている

一戸建てでもマンションでも、この部屋はだいたいこんな用途で使うという初期設定のイメージがあります。

たとえば、マンションの個室なら夫婦の寝室や子ども部屋など。一戸建てだと上階の個室は子ども部屋など、家族をイメージした部屋割りがなされているはずです。でも、家族の状況によって、部屋の用途は柔軟に変更していいのです。

こんな家がありました。

学校から帰ってきた子どもが、ランドセルや教科書、体操着など学校の道具をみなリビングに放り出すというのです。立派な子ども部屋があるのですが、そこには行きません。

なぜかというと、子ども部屋は2階の奥にあり、いちばん遠い部屋なので、そこまでわざわざ荷物を持っていくのが面倒くさかったからです。結局、宿題や翌日の準備もみなリビングで済ますという毎日でした。

子ども部屋を子どもが使わないのであれば、その部屋の使い方は家の実状に合っていないわけです。部屋が散らかるのは、部屋の使い方が間違っているから。

私のYouTube『週末ビフォーアフター』をご覧になっている方は、私が部屋の使い方を大胆に変えることをご存知だと思います。

部屋が物で散らかる人は、部屋の使い方が実状に合っているかどうか、発想を変えて考えてみるのもいいでしょう（YouTube『週末ビフォーアフター』95〜97話では、子どもたちが成長した家の部屋の使い方を抜本的に変えています）。

片づく家になるポイント❶　部屋の用途を見直そう

②個人の持ち物があちこちに点在している

片づいていない家では、個人の持ち物が一カ所にまとまっておらず、いろいろな場所に散在していることがよくあります。

すると、あちこちに物を取りにいったり、元に戻したりするのが面倒になり、何をどこに戻すのかもわからなくなります。結局、よく使う物はそのへんに出しっぱなしになり、部屋が散らかる原因になります。

特に、子ども部屋の収納に親の物が交ざって入っているような家は、だいたい散らかっている家、と断言していいでしょう。

あるお宅では、結婚して夫婦だけの生活のまま、収納の中が動いていませんでした。その後、子どもが生まれて夫婦の部屋を子ども部屋にしたのに、収納の中の物をそのままにしていたので、子ども部屋の収納にも、親の若い頃の洋服やバッグ、仕事の道具などが入ったままでした。

子どもは、成長するにしたがって持ち物が増えます。でも、収納の中は半分以上親の物で埋まっているので、子どもの物は部屋の中に出しっぱなしにするしかありません。結局、そこら中が物だらけになり、物に埋もれているような生活でした。

個人の持ち物は個人の部屋にまとめることが基本です。

親の物のせいで、子ども部屋の景色をこわすのはやめましょう。

片づく家になるポイント❷　個人の持ち物は個人の部屋にまとめる

③玄関とリビングが近い

間取りの問題も関係します。玄関を入ってすぐの部屋がリビングだと、たいていリビングが散らかります。

なぜかというと、玄関から入った家族がそのままリビングに直行して、物を置くことになるからです。

バッグをイスに置く。脱いだコートをソファにかける。子どもがランドセルを床に置くなど、外からの物がリビングに一気に持ち込まれてしまいます。

もちろんそのあと、個々人が自分の持ち物をリビングから自分の部屋などしかるべき場所に持っていけばいいのですが、ひとりがついリビングにチョイ置きすると、次の人も置く。

リビングにチョイ置きの山が出現し、あちこちに物が出しっぱなし、散らかり放題のリビングが出現する、というわけです。

玄関とリビングが近い間取りの家は多いと思いますので、こういう家はそもそも物が散らかりやすい、と認識しておくだけでも、散らかり具合は変わってくるでしょう。

片づく家になるポイント❸ 玄関とリビングの位置が近いと、物が散らかりやすいと認識しておく

④玄関からリビングまでの間に収納がない

玄関とリビングが近い間取りであっても、玄関とリビングの間に物を置ける場所があれば、歩くついでにそこに物を置けばいいので、物のリビングへの流入はかなりくい止めることができます。

でも、物をおさめる場所がまったくないと、玄関から入った物はそのままリビングに直行します。リビングが外から入ってきた物のふきだまりのようになって、物がたまっていくのです。

もし玄関横にファミリークローゼットや収納があれば、そこに物を置くスペースを確保しておくといいでしょう。バッグや上着、買い物袋、ランドセルなどがすぐに置けるのでとても便利です。

また、廊下に大きめの収納があれば、そこを物の置き場所にして、リビングに行く途中で置いていけばいいでしょう。

玄関周辺や廊下に収納できる場所がまったくないという場合は、大きめのざっくりボックスを置いて、「物はいったんここに置く」というルールにしておくと部屋は散らかりません。

片づく家になるポイント❹　玄関とリビングの間に物を置ける場所をもうける

⑤オープン収納が多い

スチールラックやカラーボックスなど、扉のないオープン収納は、物を置くのにとても便利です。きれいに整理できる人なら、「見せる収納」で部屋を美しく、すっきりと見せることもできるでしょう。

でも、片づけられない人がオープン収納を使うと、すぐにチョイ置きの山と化してしまうので危険です。スペースがあれば次々に物を置いてしまうのが、片づけられない人の特徴だからです。

オープン収納は、物を取り出したり、戻したりしやすいというメリットはありますが、つねに視界に物が入る状態になるので、きれいに並べないと、どうしてもごちゃごちゃした印象になってしまいます。

ごちゃついたオープン収納がいつも見えている状態になると、それに引っ張られて部屋の中も物がごちゃごちゃとあふれた状態になります。

ですから私は、片づけられない人には扉付きの収納をおすすめしています。特に、家族のパブリックスペースであるリビングは、オープン収納ではなく扉付きの収納を強くおすすめします。

扉を閉めてしまえば中の物は見えないので、扉の中がどんなに乱雑になっていても、部屋の景色に影響はありません。

みなさん、思い出してみましょう。「はじめに」で古堅式の極意を説明しましたね。景色をこわす物は、扉の中に隠してしまう。

景色を損なわせる物は、収納の扉の中でやりくりするのが鉄則です。

片づく家になるポイント❺ 物は扉付き収納の中に隠してやりくりする

⑥収納の前に物が置いてあって扉が開かない

片づかない家の〝あるある〟は、収納の前に物が置いてあることです。その物のせいで、収納の扉がうまく開かないとか、まったく開けられない場合もあります。

ある家では、立派な造り付けのクローゼットの前が服の山になっていて、クローゼットに近づくことすらできませんでした。また、あるお宅では、キッチン収納の前にワゴンが置かれていて、キッチン収納の中の物はほとんど動いていませんでした。

そうなると、ふだんよく使う物は収納の中には入れづらいので（何しろ開かずの収納ですから）、外に出しっぱなしになります。

それだけでなく、あまり使わない物も、収納が使用不可能なので、部屋に出しっぱなしにするしかありません。結局、部屋の中は、よく使う物、あまり使わない物など、収納にしまえない物たちでいっぱいになり、散らかり放題になります。

そもそも、なぜ収納の前に物が置かれるのかというと、理由は2つあって、

①収納の中がパンパン

②「あとで入れよう」「すぐ使うから」のチョイ置きで、深く考えていないから

です。

とにかく収納の前に物が置かれ始めたら要注意。物が散乱する家になる危険信号と思ってください。

片づく家になるポイント❻　収納の前に物は絶対置かない

⑦床置きが多い

収納に物が入らないと、出しっぱなしにするしかないので、床に物が置かれるようになります。床に1つ物を置くと、2つめがすぐに置かれ、次に3つめが置かれます。あとは4つも5つも同じです。いつしかそこが物の場所になり、気がつくとこんもりとした物だまりができあがっている、というわけです。

そんな物だまりがいくつもあるのが、片づけられない家の特徴です。

私は、「とにかく床に物は置かないで」と口が酸っぱくなるほど言っています。床置きを始めると、家中の床が物の置き場所になってしまいます。足の踏み場がなくなるのはもちろんのこと、床置きが常態化すると、物を床から拾い上げる動作が増えます。腰をかがめる動きは、意外と重労働。景色がこわれるだけでなく、面倒な動きが増えてしまいます。

目指すのは、お掃除ロボットが気持ちよく走れる床。自分の家の床の景色もよく見回してみましょう。

片づく家になるポイント❼ お掃除ロボットが走れる床を目指す

⑧家族仲がぎくしゃくしている

家族仲と家の中の散らかり具合は、リンクしていることが多いです。きれいに片づいているからといって必ずしも家族仲がいいわけではありませんが、家の中がぐちゃぐちゃだと、たいてい家族仲はぎくしゃくしています。

なぜなら、家が汚いせいで、小さないざこざやぶつかり合いが絶えないからです。

これは考えてみれば当たり前で、片づいていないと誰でもイライラします。物が見つからなかったり、なくなったりすると、八つ当たりもしたくなります。

「おまえが片づけないせいだ」「あなたの物が多いからじゃない!」と互いを責めて、険悪になります。


家が散らかっているから家族仲がぎくしゃくするのか、家族仲がぎくしゃくしているから家が汚くなるのか。私は両方だと思いますが、とにかく家の荒れ方で、家族仲もある程度は推測できます。

私が片づけの作業にうかがって家がすっきり片づくと、たいていご主人が早く帰ってくるようになります。

お子さんもよく勉強するようになりますし、あるお宅では、飼っているワンちゃんまでも元気になって、そこに住む家族中のエネルギーがプラスに変わりました。

このように、物が散らかり、片づかない家にはいくつかの共通点があります。自分の家がどれにあてはまるのかを考えながら、片づけの攻略法を考えてください。

家の中を片づければ家族関係が変わるのですから、家族円満のためにも、物が散らからないすっきりした景色を目指しましょう。

片づく家になるポイント❽　家族のコミュニケーションを大切に

片づけは思いやり

人間の一生は、物と一緒にあります。いくら物を持たないミニマリストだとしても、物なしでは生活はできません。ましてや、私たちのようにふつうに生活している凡人は、欲しい物の誘惑に抗《あらが》えず、つい物を増やしてしまうこともあります。

でも、家に入る物には限度があります。「自分の物は全部必要だから手放せない！」とそれぞれが主張すると、家のスペースが足りなくなります。

自分の物と人の物とのバランスを取りながら暮らしていくのが思いやりであり、片づけの基本です。

たとえば、独身時代や新婚時代に持っていた物も、子どもが生まれたら、ある程度は整理しないと子どもの物が入りません。親となった自分たちの物を整理しながら、子ども仕様に置く場所や持ち方を変えていく。

やりたいことを無理に我慢する必要はないけれど、愛する家族のために今優先すべきことは何なのか、それを考えることが片づけの本質だと考えると、片づけは思いやりの形を変えたものという言い方もできるでしょう。

片づけは思いやり——。

家の中が散らかってきて、部屋の様子が荒れてきたら、収納を見直す時期。少し思いやりを持って、今何がベストな暮らしなのかを考えて改善していきましょう。

いちばん大切なのはリビングの景色

家の中で、人がいちばん集まる場所はリビングです。そのパブリックスペースを快適にすることが、家族みんなの快適、そして幸せにつながります。

しかしながら、人が集まるリビングには物が集まり、外からも物が入ってきます。

リビングは、物が集まって散らかりやすい宿命にある場所ともいえます。

あるお宅はご夫婦のふたり暮らしでしたが、1階にあるリビングと隣接する和室が、奥さんの持ち物とご主人の趣味の物でカオスの状態になっていました。

この家の片づけを私がどうしたのかというと、1階のリビングと和室にあったカオスな物たちを、すべて2階に移動させたのです。

ねらいは、リビングの景色を変えることでした。そうすることで、住んでいる人の意識を変えたかったのです。

片づかない家に住んでいる人の中には、「このままでもいいや」と半ばあきらめている人がたくさんいます。でも景色を変えれば、「片づいた景色は気分がいい」と気持ちが動きます。そう思ってもらえれば、片づけの半分くらいは達成できたも同然です。

前述の家の場合、1階のリビングと隣の和室の景色を変えたことで、家族全員がくつろげる空間に生まれ変わりました。

そして、2階は個人専用のスペースにして、それぞれの個室の中で好きなことを好きなだけできるように部屋割りを変えました。

個室とパブリックスペースの境界線ができたことで、パブリックスペースであるリビングの景色も維持できるようになりました（YouTube『週末ビフォーアフター』154〜157話参照）。

同じ家の中で一緒にいる時間が長いと、ちょっとしたことでイラッとしがちになります。でも、家族それぞれが別々の個室を持ち、個人の物は個室で管理する。リビングに私物を置きっぱなしにしないようにすると、パブリックスペースで過ごす時間がとても平和で穏やかになります。

今、オフィスでは個人のデスクを固定せず、私物を置かないフリーアドレス制が広がっているそうです。いっそのことリビングもフリーアドレス制にして、個人の物は置きっぱなしにしてはいけない場所、ということにすれば、リビングの景色がこわれることはないのではないでしょうか。

ちなみに、わが家でもリビングはフリーアドレス制にしています。

リビングに関して付け加えると、整理整頓されたリビングが暮らしやすいリビングではありません。こんな家もありました。リビングのど真ん中、つまり〝一等地〟の「心臓部分」にきれいに整理整頓された収納棚がありました。これだけ見れば、「きれいに片づいていますね」「美しく整理されていますね」ということになります。

でも、そこに並んでいるのがご主人の趣味のフィギュアで、いじるのはご主人だけ。

それも月一回も動かさない物でした。すると、その収納棚の稼動率はほぼ0パーセントになります。

リビングは家族共有のパブリックスペースですから、家族が毎日使う物（テレビのリモコンやティッシュ、ポットや薬など）が始終動いています。でも、それらがご主人の趣味の棚のせいで、少し使いにくい場所に追いやられていたのです。

よく使う物の置き場所が不便であるがゆえに、やがて戻すのが面倒くさくなり、そこらへんに出しっぱなしになるので、奥さんは片づけに追われていました。

かたや、リビングの一等地にある稼動率0パーセントの趣味の棚。かたや、毎日何回となく使う物たちが少し離れた不便な場所に置かれていて、戻しにくい。

棚だけを見るときれいに片づいているように見えても、暮らしやすさという点からは、けっして快適な生活とはいえません。整理整頓されていても、暮らしやすいとは限らないのです。

快適なリビングは、きれいに整理整頓されていることではなく、毎日使う物がすぐ出せて、すぐに戻せること。そして景色がキープできることです。

従来の整理整頓と「稼動率」は別物として考える必要があるのです。

CHAPTER 2

暮らしやすさのポイントは「稼動率」

物が回らないと景色は維持できない

片づけが嫌いな私は、よく究極の暮らしやすい家を考えます。それは物が出しっぱなしの家です。必要な物が収納からすべて出ていて、手を伸ばせば届く場所にみな並んでいる。

いちいち引き出しにしまったり、クローゼットに片づけたりする必要もないので、とても便利です。

でも、「景色」という点ではどうでしょうか？

百歩譲って、自分ひとりだけで生活しているのなら、物がすべて出しっぱなしの〝ゴミ屋敷〟でもかまいません。でも、家族と一緒に暮らしていたらどうですか？

テレビを見ているとき、ソファの上に子どものランドセルや上履き袋が放り出してあったら？ リビングのポールにクリスマスツリーのように帽子やバッグ、上着がたくさんかかってほこりまみれだったら？ 玄関にネット通販のダンボールが壁のように積み上がっていたら？

家に帰るたびにイライラして、つい家族に声を荒らげたり、ささいなことでケンカになったりしないでしょうか？

究極の便利さを優先すれば、物が出しっぱなしの家になります。でも景色を取るか、便利さを取るか、と考えたとき、パブリックスペースは特に「景色優先」で考えたほうがいいと思います。

というのも、人はひとりで生きているのではありません。家族がいれば家族のことを考え、みなで快適に暮らせる空間を目指したほうが平和です。

それに、〝ゴミ屋敷〟が便利でいいと思っている人でも、片づいた空間に行くと気持ちがすっきりします。人は、やはりすっきり片づいた空間で気持ちよく暮らしたいのが本音ではないでしょうか。

では、景色を優先して便利さを犠牲《ぎせい》にするのかというと、そういうわけではありません。景色の維持と、便利さを両立できる片づけがあります。それが「稼動率」の考え方にもとづく片づけです。

よく使う物は、出し入れしやすい場所の収納の中に置き、稼動率100パーセントで回す。それ以外のあまり使わない物は、僻地の収納などにおさめて、稼動率0パーセントで置いておく。このメリハリをつけられれば、景色と便利さを両立できます。

なぜなら、物がよく動いていれば物が滞《とどこお》らないので、景色がキープできるから。物がうまく回る仕組みは、暮らしやすさにつながっているのです。

家には「動く物」と「動かない物」がある

「稼動率」を考える際、大切なのは、物を「動く物」か「動かない物」かで見る視点です。

従来の片づけは、「いる」「いらない」や「使う」「使わない」という視点で見ていました。でも、それではなかなか景色が変わらないことを、多くの方が経験済みなのではないでしょうか。

なぜなら、**「いる」けれど「動かない物」**、**「使う」けれど「動かない物」がふだんの生活空間を占拠《せんきょ》していたから**です。

これからは、稼動率という考え方にもとづいて、**物を「動く物」か「動かない物」かで仕分けしていく見方**をしてみましょう。

試しに、みなさんの家の中を見回してみてください。よく使っていて動く物＝稼動している物と、動かない物＝稼動していない物があるはずです。

よく動く物というのは、たとえば毎日使うスマートフォンやメガネ、リモコンやよく着る洋服、バッグなど。反対に、まったく動かない物は思い出の品や着なくなった洋服、なぜか捨てられない物たちなどでしょうか。

また、たまに動く物というと、クリスマスやお正月などイベントの道具や夏のキャンプ道具、季節ごとの洋服などもあります。

身の回りを見渡して、よく動く物だけを数えてください。意外に数が少ないことがわかります。

ミニマリストの人が最低限の物で生活できるように、物に囲まれて生活している私たちも、実際に使っている物はそれほど多くないはずです。

片づいていない家は、動いていない物の量が多すぎるのです。今動いていない物が生活空間にいっぱいあって、それらが多すぎるから片づかないのです。

物だらけの家に行って、大量の物を寄せて埋めてしまっても、翌日、生活するのにまったく困らないのは、ほとんどが動いていない物だからです。動かない物だから、埋めてしまっても生活できるわけです。

片づかない家は、動く物と動かない物が同じ空間に一緒くたになっています。そうなると、動く物を探すために、動かない物をいちいちかき分けなければいけません。そのたびに物が散らかり、イライラし、挙《あ》げ句《く》の果ては、大事な物が見つからないこともあります。

もし、動く物と動かない物を仕分けして、身の回りには動く物しか置かないようにしたら？　そして動く物はサッと取り出せ、サッと戻せる仕組みにしたら？　きっと物が散らかることはなくなり、すっきりした景色が維持できるでしょう。

動く物がストレスなく、サクサク取り出せ、サクサク戻せるのが稼動率１００パーセントの片づけです。

家には「動く場所」と「動かない場所」がある

よく動く物をおさめておくのが「動く場所」です。たとえば、古堅式収納のゴールデンゾーン（人の腰から背丈までの、手の届きやすい場所）は出し入れがしやすいので、しょっちゅう物が動きます。稼動率100パーセントの「動く場所」になります。

一方、押し入れの上にある手が届かない天袋や、奥行きがある収納の奥のほう、持ち上げないと使えないベッド下の収納など、出し入れが大変な場所は、あまり物が動きません。

また、人がそれほど行かない〝僻地〟の収納も、物が動かない場所です。こういうところに、よく動く物を入れると大変なことになります。毎日使う、よく動く物を、脚立《きゃたつ》を使わなければ取れないような天袋にわざわざ入れる人はいないでしょう。

「動かない場所」には動かない物、たとえば思い出の品や使わないけれどどうしても取っておきたい物、クリスマスツリーなどのイベント用品をおさめるのがいいでしょう。よく動く物は「動く場所」に、動かない物は「動かない場所」にふり分けるのが、合理的な片づけの方法です。

ところが、意外とこれができていない家が多いのです。たとえば、リビングの〝一等地〟にある収納のゴールデンゾーンに、1年に一度使うか使わないかのキャンプ道具を入れていた家がありました。押し入れのゴールデンゾーンに何年間も未使用のお客さま用布団が整然と積まれていた家もありました。

本来ならもっとも動く場所であるゴールデンゾーンが、動かない物で占拠されている。稼動率0パーセントのまま生かされていませんでした。

そして、よく動く物をわざわざ不便な場所を定位置にしている家が多いのです。「なぜそこにそれを入れた？」とツッコミを入れたくなる家がたくさんあります。

たとえば、ほぼ毎日使う通勤バッグを手が届きにくいクローゼットの上段に入れて、帰宅すると、バスケット選手よろしくバッグを上段めがけて放り投げているお宅がありました。

そして、クローゼットのゴールデンゾーンには、なぜかめったに使わない荷造りグッズや靴の空き箱が並んでいるのです。

結局、出し入れが面倒くさくなって、バッグはクローゼットの外に出しっぱなしになり、片づかない部屋になっていました。


物が散らかっている家は、たいてい「動く物」と「動かない物」と「動く場所」「動かない場所」というミスマッチが起きています。

「動く場所」には「動く物」を入れて稼動率100パーセントに、「動かない場所」には「動かない物」を入れて稼動率0パーセントでも困らないようにするのが、稼動率から考える古堅式の片づけです。

整理するとこうなります。

・「動く物」は「動く場所」に
・「動かない物」は「動かない場所」に

・「動く物」と「動かない物」を同じ空間で一緒にしない

この原則さえ守れば、片づけは簡単にでき、すっきり片づいた景色はずっと維持できます（YouTube『週末ビフォーアフター』１０５話、１０６話参照）。

なお半月に一度しか動かないような物、たまに動く物はどうしたらいいのでしょうか。私は必ず動くことがわかっている物なら、「動く物」として、「よく動く物」の後ろに入れておきます。

たとえば、よく着る服は「動く物」ですが、季節が変わったら着る服は今は動きません。でも2、3カ月後には必ず動くことになるので、よく着る服の後ろか上や下に配置しておきます。

つまり、ゴールデンゾーンには今動いている物、それ以外の場所にはたまに動く物を入れる、ということです。

「稼動率」を上げる重要な要素は動線

「よく動く物」はすぐに取り出せて、すぐに戻せるのが出しっぱなしにならない秘訣《ひけつ》です。

でも、戻す場所が遠かったり、出し入れするのに不便だったりすると、動く頻度の高い物は、出し入れするのが面倒なので、すぐに出しっぱなしになります。つまり、動作ポイントと収納が近くないと、物は散らかります。

たとえば、3階に物干し場があって、洗濯物はその近くで畳むのに、畳んだ物をしまう収納が地下1階にあったら、面倒くさくて行かないでしょう。畳んだ洗濯物は3階に置きっぱなしになります。

いくら立派な収納をつくっても、アクセスが悪く、動線が長ければ、稼動率は限りなくゼロに近づいてしまうというわけです。

「すっきりと片づいた空間」＝「稼動率が高い空間」と考えると、稼動率を上げるには、人の動き、つまり「動線」が非常に重要なことがわかります。

「よく動く物」は、動線が短い場所に置くと、出し入れが楽になります。つまり原則はこうです。

「使う」と「戻す」の動線をできるだけ短く。

私は、いつもリビングのテーブルの前に座ってメイクをしたり、パソコンで作業をしたりします。ですから、私のメイク道具とパソコンは、それらを使う場所のすぐそばのテレビボードの引き出しの中にしまってあります（4ページ参照）。

取り出すのは1秒、戻すのも1秒です。

テレビボードの引き出しといえば、ふつうはＤＶＤやゲームソフト、あるいは取扱説明書などオーディオ関連の物が入っていることが多いのではないでしょうか。

でもわが家では、子どもたちが大きくなったので、ＤＶＤやゲームソフトを使うことはほとんどなくなりました。そのまま子どもたちの物を入れておけば、この収納は稼動率０パーセントになってしまいます。

でも、私が使うメイク道具やパソコンをここにおさめれば、毎日テレビボードを使うことになり、稼動率は１００パーセントに。

使う場所のすぐ近く、短い動線上に戻す場所を設定し、稼動率１００パーセントで物を回すことが、物を滞りなくめぐらせて、部屋を散らかさないコツです

（YouTube『週末ビフォーアフター』21話参照）。

使う場所の近くに戻す場所がないときはざっくりボックス

稼動率を考えるなら、物を使う場所（動作ポイント）の近くに、戻す場所があるのが理想です。

でも、戻す場所がないときはどうしたらいいのでしょうか。

収納家具を買うのが一般的ですが、ちょっと待ってください。物を増やすときは慎重に。本当にそれしか解決策がないか、考えましょう。

たとえば、〝ざっくりボックス〟を用意してそこに戻すのはどうでしょうか。ざっくりボックスを置く場所がなければ、持ち歩きができるざっくりボックスでもいいと思います。

私の会社のあるスタッフはリビングでパソコン作業をしますが、リビングに書類を

サッと入れて、サッと戻すだけ。ボックスごとクローゼットの中に入れれば景色がこわれない。

置くスペースがありません。そこで、大きめのファイルボックスに書類や資料などの仕事の道具を一式入れて、持ち歩いています。

ふだん、そのファイルボックスは寝室のクローゼットの中に収納されていて、作業をするときだけ、ファイルボックスごとリビングに持ってくるのです。

こうすれば、作業が終わったあと、すべてファイルボックスに突っ込んでしまえばいいので、リビングが散らかりません。言ってみれば、可動式のざっくりボックスのようなものでしょうか。

それでもどうしても戻す場所がない！

というときは、その部屋の雰囲気に合い、景色をこわさない収納家具を買うのもいいでしょう。

あるお宅では、ソファの横にソファの高さにきっちりそろえた小さなサイドテーブルを置いていました。

ソファの延長線上にあるので家具があるという存在感もなく、リビングのソファ回りで使う物は、すべてこのサイドテーブルにおさまるそうです。

まさに稼動率100パーセント。この家具を見つけるのにかなりの時間を割き、検討を重ねたのだとか。新しく収納家具を増やすときは、それくらい慎重に考えたほうがいいと思います。

大は小を兼ねるとよく言いますが、収納家具が景色をこわす最大の原因になりかねないので、注意してください（YouTube『週末ビフォーアフター』134話参照）。

動線を考えるには人の動きに注目しよう

人は無意識に動いているので、動線を意識することはあまりありません。でも、改めて動線と稼動率の目線で家の中を見直してみると、ずいぶん不合理な動き方や物の置き方をしているのがわかります。

朝起きてから夜寝るまでの、だいたいの動線を書き出してみましょう。私もやってみましたが、けっこうワンパターンだったのが意外でした。

動線がわかると、稼動率から考えた「物の置き方」が見えてきます。

たとえば、いつも食卓でサプリメントを飲む習慣の人がいたとします。サプリを飲むために、キッチンに行って食器棚からコップを出し、水を入れて、食卓に戻り、それからサプリを飲む。そして飲んだあとのコップをキッチンに戻します。

動線を考えると、食卓→キッチン→食卓→キッチンと2往復しています。それぐらい歩いてもたかがしれているという人もいるかもしれませんが、毎日のことになると面倒くさくなって、コップやサプリを出しっぱなしにする日もあるでしょう。

だったら、いっそのことサプリをキッチンのコップのそばに置けばいいのです。

「『使う』と『戻す』の動線をできるだけ短く」の原則から言うと、コップと水を使うのはキッチンですから、その近くにサプリを置けば、わざわざコップを食卓に持っていかなくても済みます。

飲み終わったコップは、すぐに洗い場のシンクに置けます。なんだったら、そこでコップをちゃちゃっと洗って食器棚に戻せば、景色は元どおり。何ひとつ散らかることはありません。

こんな例もありました。

その家では毎朝、子どもに洋服を着せたあと、必ず体温をはかるそうです。でも、子どもの衣類は和室に、体温計はリビングの収納にあるので、体温測定は子どもの着替えが終わってから、リビングで行っていました。

ですが、着替えと体温測定がセットなら、体温計を子どもの衣類があるタンスに置いてもいいわけです。体温計が衣類の引き出しの中に入っていても、何らおかしいことはありません。

私たちは、物の置き方を固定観念で考えてしまいがちです。食器棚には食器、タンスには衣類など。

でも、動線から考えると、テレビボードの引き出しにメイク道具やパソコンが入っていてもいいわけだし、子どもの衣類が入っている引き出しに体温計があってもいいのです。

ちなみに、わが家のダイニングの棚の下のボックスには、私のヨガのウェアと、仕事で使う黒パンツと白Tシャツ、この2種類が3セットずつ入っています。

なぜなら、私はいつでもジムに行きたいので、朝から服の下にヨガウェアを着ているからです。作業のときも同じようにヨガウェアを下に着ているので、このセットは私にとってテッパンです。

それに、ダイニングはベランダで取り込んだ洗濯物を戻すのにも便利な場所です。私の衣類の収納場所は、本来は夫と共有の寝室のクローゼットにあるのですが、そこはベランダから遠く動線が長すぎて私にとっては〝僻地〟なのと、クローゼットの中に夫の物がたくさん入っているのであまり開けることはありません。

ですから、この寝室のクローゼットには私のふだんあまり着ない「動かない物」が入っています。そうすれば、わざわざクローゼットに行って、中を開けずに済みますから。

毎日着るヨガウェアや仕事着、つまり「よく動く物」は、ふだん私がいるダイニングに置くのがわが家の正解だと思っています。

わが家のダイニングにある棚（中央）の下には、白い籐のボックスが2つ。そこに、毎日着るヨガウェアと、仕事着が入っている。

動く道筋に沿って収納場所を決める

物を置く動線はできるだけ短く。そして、置く場所は動線上に沿っていると物が散らかりません。

たとえば、子どもが「ただいま」と帰ってきて、かばんを廊下に投げ出す、あるいはリビングのソファの上に置いたりするとします。いつもそうするのなら、ランドセルを放り出す場所のその周辺に、ランドセルを置く定位置をつくってしまえばいいのです。

廊下に収納があるのなら、その中にランドセル置き場をつくるとか、ダイニングでいつも宿題をするのなら、ダイニングテーブルの脇にランドセル置き場をつくってもいいでしょう。

物は、だいたい人が動く道筋に沿って散らかります。外から帰ったご主人のコートやバッグ、靴下が、歩いたとおりに点々と落ちている、などというのはそのいい例です。

動く道筋に沿って「ここに置く」という収納場所を決めておけば、通りすがりに置いていけるので、物があちこち散らばらず、景色もこわしません。

言い換えると、どんなにいい収納をつくっても、動線上になければ使わないし、戻さないし、稼動しないということです。

3階建ての一軒家に、奥さんがひとりで住んでいるという大変ぜいたくなお宅がありました。以前は〝ゴミ屋敷〟のように物がたくさんあったそうですが、ミニマリストに憧れて、相当量の物を処分したということです。

でも、物を減らして使う物しか残していないのに、少しも暮らしやすくなりません。すぐに物が散らかって、快適な空間が維持できないという相談でした。

行ってみると、どこも収納の中がスカスカです。稼動率は0パーセントかせいぜい5～10パーセントくらい。なぜかというと、使う場所としまう場所がまったく考えられていないうえ、動線を無視した入れ方をしていたからです。

　そのため、ふだん使う物はみな外に出しっぱなしで、物が少ないにもかかわらず、景色は残念という状態でした。

　このお宅の収納を、「動く物」と「動かない物」に仕分けし、ゴールデンゾーンや動線を考えた収納に変えたところ、景色も変わり、稼動率もアップして暮らしやすい家に生まれ変わりました（YouTube『週末ビフォーアフター』１５８話、１５９話参照）。

　動線と収納は密接に関係しています。人の動きを考えて、収納場所や物の置き場所を決めることが大切です。

動線上に絶対必要な〝逃がす場所〟

物は動線上に散らかるので、動線上に物のための定位置をつくれば、散らかりが防げ、景色がこわれません。

でも、そんなに都合よく定位置をつくる場所がない、という家もあるでしょう。

ただ、少なくとも、物を一時的にでも置いていい〝逃がす場所〟は用意できるのではないでしょうか。

〝逃がす場所〟とは、物の定位置ではなく、とりあえず、そこに置いていい場所のことです。つまり、

①収納の中に何を置いてもいい場所をつくる（これを私は「バッファゾーン」と呼

んでいます。バッファゾーンについては8～9ページや101ページ～で詳しく説明しています）

②ざっくりボックスを置いて、その中に放り込む

の2パターンが考えられます。

あるお宅では、玄関を入ってすぐの下駄箱の中に逃がす場所をもうけていました。ふだん履かない靴は、寝室のクローゼットの中に寄せてしまい、下駄箱の中に空きスペースをもうけたのです。これが私が言うところの「バッファゾーン」です。

そこには子どもの部活の道具や買い物バッグ、郵便物などチョイ置きしたい物を置いているそうです。玄関に逃がす場所があれば、人と一緒に外から入ってきた物をいったんその場所に逃がすことができるので、リビングやダイニングが散らかるのを防げます。

ところかまわず物を置くから、家が散らかり、景色がこわれるのです。定位置ではなくても、「ここは一時的に物を置いていい場所」と決めておけば、ひとまずそこに物が集まるので、家中が散らからないで済みます。

私はもともと面倒くさがり屋なので、物の定位置を厳格に決めても、毎回そのとおりに戻す自信がありません。でも、とりあえずここに置いていい、という逃がす場所があると、そこに置けるので便利です。

わが家の逃がす場所は、リビングを入ってすぐの、扉がある収納の中です。収納の中のゴールデンゾーンが物の逃がし場所です（7ページの写真の、バッグが置いてある場所）。

ここには、バッグ、上着、帽子、スーパーの買い物袋、何でも放り込んでいいことになっています。あとで時間ができたときに、放り込んだ物を仕分けして、物の定位置に戻せばいいのです。

でも忙しいときは、この物の逃がし場所の中はそのままで、バッグや上着、帽子はそこで身につけるということもあります。そこは散らかっていますが、収納の扉は閉めてしまうので、外から見えず、景色をこわしません。

〝逃がす場所〟を、玄関から入ってすぐの寝室に設定した家もありました。

寝室に、物を一時的に置いていい大きなざっくりボックスを用意し、そこに上着やランドセル、バッグをドサッと投げ込むようにお願いしました。

すると、それまでは全部リビングに持ち込まれていた物たちが、ひとまず寝室の棚でせき止められるので、リビングの景色を維持できるようになった、とのこと。

もちろん、逃がす場所は入れっぱなしではいけません。容量がオーバーする前に、個々人が片づける。逃がす場所はあくまでも一時避難的な場所で、定位置ではないことを家族全員が知っておくことは重要です（YouTube『週末ビフォーアフター』22話、29話参照）。

テレビ回りの壁面収納がなぜ死ぬのか

テレビ回りの壁に壁面収納をドカンとつくった家がありました。もともと物が多い家で、あちこちに物が散らかるのが気になっていたそうです。

壁面収納の容量はとても大きかったので、さぞかし物が片づくだろうと期待していたのですが、物が散乱する残念な景色はほとんど変わりませんでした。

なぜかというと、リビングの奥にある壁面収納はそこに行くための動線が長く、物を出し入れするのに不便だったからです。せっかく収納をつくったのに、誰も行きません。

動線上ではないところに、いくら巨大な収納をつくっても壁と化すだけ。物は片づかないといういい例です。

素晴らしい収納をつくったり、収納家具を買ったりしても、その家の人の動きに合っていなければ、あまり稼動しません。

サイズがぴったりという理由だけで、収納棚を買ってしまったお宅がありましたが、人の動きや間取りをまったく考慮していなかったので、中はスカスカ。稼動率はほぼゼロで、ただ場所をとるだけの残念な景色になってしまいました。

また、ＤＩＹ好きで、家中、自作の収納だらけになっている家もありましたが、少しも片づかないどころか、たくさんある収納のせいで、どこに何をしまったのか物を探すのも大変。かえって暮らしにくい家になってしまいました（YouTube『週末ビフォーアフター』89話、90話参照）。

収納をつくるとか、新たに収納家具を買うときは、サイズや容量も大事ですが、人がどう動くか、動線で選ぶようにしましょう。

稼動率０パーセントだった収納を稼動率１００パーセントにすれば、わざわざ収納家具やグッズを増やさなくても、家の中は十分片づきます。

CHAPTER 3

「稼動率」を上げる収納とは

出し入れしにくいのは、稼動率100パーセントとは言わない

物を出し入れしやすいのは、人の腰から背丈までの高さです。ここを私はゴールデンゾーンと呼んでいます。

毎日使う物、よく動く物は、出し入れしやすいゴールデンゾーンに置きましょう。そうすれば、スムーズに物を出し入れできるので、稼動率は100パーセントになって物は散らからず、景色はこわれません。

片づいていないお宅を訪問して思うのは、ゴールデンゾーンがうまく使えていないことです。

たとえば、人や物がいちばん動くリビングにある一等地の収納に、もう高校生になっ

た子どもの小学校時代の教材やランドセルを入れているお宅がありました。

「なぜ、この一等地にこれが必要なの？」と私は思わず聞いてしまいました。

また、あるお宅のファミリークローゼットは、ゴールデンゾーンに今着ない季節の衣類がぶら下がっていて、毎日着替える下着や靴下は、その下にある引き出しから、いちいち腰をかがめて取り出していました。

その様子はまるで小鳥にエサをまく人のようでした（YouTube『週末ビフォーアフター』24話参照）。

「なぜよく使う物が膝《ひざ》下にあって、使わない物が目の前にあるんですか？」と私は思わず聞いてしまいました。

「だから毎日、小鳥にエサをまくことになってしまうんですよ」

私に言われて、初めて奥さんはそのことに気づいたようです。


慣れというものはおそろしいもので、長年続けている習慣だと、おかしいとか不便だと思わなくなってしまうのでしょうか。

稼動率だけを考えると、たしかに小鳥にエサやりをする家のファミリークローゼットは毎日使われているので、稼動率が高いといえるかもしれません。でも取り出しやすさを考えると、腰の負担が大きい使い方です。

若いうちはそれでもいいですが、歳を重ねるうちに家事がおっくうになるのです。**体に負担のない家事動線や戻す場所の高さは、散らからない暮らしをするうえでもとても重要**です。

稼動率を考えるときは、収納の出し入れのしやすさを含める考え方が必要だと思います。

不便なまま物を動かしているのは、たとえ物がよく動いていても、稼動率的には弱いと考えたほうがいいでしょう。

ゴールデンゾーンの容量を増やすという裏技

ゴールデンゾーンはもっとも出し入れしやすい場所ですので、ここの稼動率を最大化することが、物を散らかさず、景色を維持するのに効果的です。

そこで私がやる裏技が、**ゴールデンゾーンの容量を増やすこと**です。たとえば食器棚は、元からある棚の間隔が妙に間延びしていて、物をおさめたときに無駄な空間ができてしまうことがあります。

要するに、入れる物と、食器棚の最初の設定が合っていないのです。

10～11ページで紹介した家（YouTube『週末ビフォーアフター』169話～）では、ゴールデンゾーンの棚の量を4段から5段に増やし、ゴールデンゾーンの容量を増やしました。

この家は、小さい子どもが3人いて、特にリビングが物だらけですさんだ景色でした。

リビングの近くにあるファミリークローゼットの中を見ると、洋服がたくさんあってパンパンなのですが、それらが全部稼動しているかといったら、3分の1くらいしか動いておらず、3分の2はシーズンオフなどの動いていない物だったのです。

だとしたら、動いていない物はここに置いておかなくても、僻地に移動させるか、あまり動かない収納の中にしまってもいいわけです。

そこで、3分の2のシーズンオフの洋服を僻地に移動させ、ファミリークローゼットの空いたスペースにオープンラックの棚を入れました。

なぜタンスや収納ケースではなく、オープンタイプの棚だったのかというと、そのほうが物の出し入れがしやすいからです。

片づけが苦手な人に、タンスの引き出しや収納ケースの中にしまえというのはかなりハードルが高くなります。でも、オープンラックだとポンと棚に置くだけなので、出し入れが簡単です。

万が一、オープンラックがごちゃごちゃしてきても、ファミリークローゼットの中ですから、扉を閉めてしまえば外から見えません。

もともと置いてあった棚に、私は玄関前に床置きされていたストックの飲料やおやつ、洗剤、キッチンペーパーなどを並べました。特にゴールデンゾーンには消耗の早いストックを並べました（11ページのいちばん下の写真）。

そして、新たに導入したオープンラックには、上のほうをお母さんのゴールデンゾーンとして赤ちゃんの紙おむつやおしりふきなどのストックを置き、真ん中から下は子どものゴールデンゾーンとして学用品を置いたのです（11ページの上から2つめの写真）。

こうして、家族みんながアクセスしやすいファミリークローゼットにオープンラックの棚を増やしたことで、稼動率は格段に上がりました。

クローゼットは洋服をかけるだけでなく、一部分でも棚に変えてゴールデンゾーンに物を置くスペースを増やすと、たくさんの物が置け、稼動率の高い便利な収納に変身します。

新たにゴールデンゾーンをつくり出す

収納の中のゴールデンゾーンは稼動率を100パーセントに上げて、使い倒してください。そうすれば、物の散らかりはかなり防げます。

あるお宅では、洗濯物がどうしてもリビングのソファに置かれてしまう悩みがありました。なぜかというと、洗濯物をしまう引き出し収納がとても大きかったからです。引き出しの奥行きは74センチもありました。これだけの奥行きがあると、奥のほうに入れたものはまさに〝埋めた〟状態になってしまい、なかなか取り出せません。

それに、引き出しを引き出すときの重さが半端ではありません。Tシャツ1枚を取り出すのにも、筋トレよろしく重い引き出しを力いっぱい引っ張らないと引き出せないのです。

「奥さんは、毎日引き出しで筋トレしているようなものですね」と私は思わず言ってしまいました。これでは、洗濯物を収納に戻すのがおっくうになる気持ちもわからないではありません。

そこで私がどうしたのかというと、毎日洗濯する物、つまりよく動く物は引き出し収納ではなく、リビング隣の和室の押し入れに新たにつくったゴールデンゾーンの棚に戻すようにしたのです。

もともとその押し入れは、あまり使わない物の保管に使われていました。そこにあった〝動いていない物〟を別の僻地の場所に移動して、押し入れの中段のゴールデンゾーンに棚を設置。取り込んだ洗濯物の置き場所にしたのです。

こうすれば、棚の稼動率は100パーセント。よく着る物がストレスなく回るようになりました。もちろん、もうソファの上に洗濯物を出しっぱなしにしなくても済みます。

眠っているゴールデンゾーンを掘り起こし、棚を使って上手に活用すると、稼動率の高い収納スペースが生まれます。

稼動する収納と僻地の収納

繰り返しになりますが、ふだん人が動いていて、物もよく動く場所、たとえばリビングやダイニングは毎日使う場所ですから、そこにある収納には毎日使うよく動く物を入れましょう。

よく動く物はよく動く場所に（つまり一等地の収納に）、動かない物は動かない場所に（つまり僻地の収納に）。

この原則にしたがって、動く物、動かない物をおさめる場所を決めるのが、景色をこわさない片づけの基本です。

私が毎日着るヨガウェアをダイニングの棚の下に収納したり、メイク道具を洗面所ではなく、いつもメイクをするリビングのテレビボードの引き出しにしまっていたりするのがその例です。

そして、使う頻度に応じて、物を置く場所のメリハリをつけます。

・ゴールデンゾーン→スタメン（毎日使う物）＝稼動する

・ゴールデンゾーンの上か下→控え（たまに使う物、ストック）＝たまに稼動する

・手が届きにくい場所（僻地）→二軍＝ほとんど稼動しない

究極の〝僻地〟として、トランクルームを使っているお宅がありました。実家の荷物を預かったこともあり、家に荷物が入りきらなくなって、近くにトランクルームを借りたそうです。

しかし、物が片づくどころか、家中が物だらけになってしまい、かなり荒れた景色になってしまいました。

この家の最大の問題点は、「いる」「いらない」の仕分けばかりして、「動く物」「動かない物」の仕分けができていなかったことです。さらに収納も、「動く場所」「動かない場所」の区別がついていなかったので、物がカオス状態で収納され、ほぼ稼動できない状態になっていました。

私がどうしたのかというと、トランクルームに入っていた日用品のストックや季節の物は家の僻地に移動させ、家にあった実家の荷物やこの先1年は使わない物など、まったく動かない物たちをトランクルームに移すなど、荷物の総入れ換えを決行したのです。

究極の僻地であるトランクルームは、まったく動かない物たち、もっと言えばなくなっても生活に何の支障もない物たちの居場所です。

一方、日用品のストックや季節の衣類などは、すぐには使わないにしても、必ず動くときがくるので、家の中の僻地に、すぐ取り出せるようにしておさめました。

動く物と動かない物が一緒くたになっていたこの家は、一等地、僻地、究極の僻地をうまく使い分けることで、暮らしやすい家に変わりました（詳細はYouTube『週末ビフォーアフター』１６２話、１６３話参照）。

なお、ひな飾りやクリスマスツリーなど、年に一回しか使わなくても必ず使うことがわかっている物は、僻地に置くにしても、収納の奥のほうに埋めてしまわずに、必ず手前の取り出しやすい場所に入れておきましょう。

ストックは、毎日使う物の後ろに気配を感じさせて

トイレットペーパーや紙おむつ、ミネラルウォーターなど日用品のストックは、すぐに使う物ではないので、僻地の取り出しやすい場所に置いてもいいのですが、もし、一等地の収納に余裕があるなら、毎日使う物の後ろや上下に気配を感じさせて置いておくといいでしょう。

たとえば、引き出しの手前によく使う缶詰が入っていて、その後ろにその缶詰のストックが入っていると、引き出しを開けたときに、奥のほうにそれらの気配を感じます。

すると、手前のよく使っている物が消費されてなくなったとき、奥のほうから順番にストックが取り出せます。

棚も同じで、飲み物や洗剤のストックを気配がわかるように後ろに並べておくと、無駄にストックを増やさずに済みます。

つまり、よく動く一等地の収納でも、すべてが稼動率100パーセントである必要はなく、奥のほうに〝気配〟としてスタンバイしている物の稼動率は10パーセント、20パーセントでもいいのです。

重要なのは、ふだん稼動すべきところがちゃんと100パーセントで動いているかどうかということです。

手前から順に稼動する物を置く。出し入れしやすい手前には毎日使う食器類を置き、奥には二軍の食器類を収納している。

私が白い収納ケースを嫌う理由

私に片づけを依頼する家で、意外によく目にするのが白い収納ケースです。積み重ねておくと白い壁のようになり、見た目もきれいなのですが、暮らしにくいという人が多いのです。

なぜかというと、白いケースは中身が見えないからです。

中が見えないのは、ないのと同じ。

そう思って間違いないでしょう。

中が見えないから、また買ってきてしまう。中が見えないから、あることを忘れて使わない。使わないから稼動率が下がる。稼動率が悪いから片づかない。片づかないから、また白い収納ケースを買ってくる。動かない物の山が白い収納ケースの山になって、どんどん増えていってしまうのです。

また、中が見えないので、開けてみるとスカスカだったりします。とあるメーカーの収納ケースで家の中を統一していたお宅がありましたが、収納ケースの中を見るとあまり入っていませんでした。やはり収納ケースは盲点になるのです（YouTube『週末ビフォーアフター』１００話参照）。

片づけが下手な人は物の管理が苦手です。特に、ズボラな人は物がちゃんと見えているほうが管理がしやすいでしょう。「ここに、これが、これだけある」と見えていると安心するので、物を必要以上に買ってくるのを防げます。

そのためには、扉がついた収納の中や物置部屋に、物が見えるような形で並べて置くのがいちばんです。

本棚に本を並べるように、ズラリと陳列するのがいちばん見やすいのですが、場所がないときは、ファイルケースのような収納ケースに入れて、上から見える形で置いておくと中身が確認できます（14～15ページ参照）。

部屋の景色を保つために必要なバッファゾーン

私は収納に物を入れるとき、ゴールデンゾーンの手前の一部分にスペースをつくり、チョイ置きしたり、一時的に物を置いてもいい場所をつくっています。前でも少し紹介しましたが、私はこれを〝バッファゾーン〟と呼んでいます。

「バッファ」とは「余裕」とか「ゆとり」という意味です。

収納の中にバッファゾーンがあると、物が

【負のスパイラル】

物がぎゅうぎゅうに詰まっているから、収納の中に入らない

⇓

入らないから、外に出しっぱなしになる

⇓

出しっぱなしにするから、物が増えてもわからない

⇓

わからないから、もっと増える

一時的に増えたときも吸収できます。つまり、部屋に物が散らからず、部屋の景色を損なわずに済みます。

収納の中が物でいっぱい→だから外に出しっぱなし→物が増えてもわからない→もっと散らかるというのが、家が散らかる負のスパイラルだとすると、ここから脱出するには、収納にゆとりを持たせる、つまりバッファゾーンをもうけることが重要です。

押し入れだったら中段がゴールデンゾーンになりますが、その手前に少しスペースを空けておく。物を寄せておく物置部屋にも、必ず作業台というバッファゾーンをつくっておきます。

そうすれば、そこに一時的に物が置けます。そこを作業台代わりにして、洗濯物を畳め、パソコン作業もできます。

ソファやダイニングテーブルの上にチョイ置きしたり、洗濯物を広げたりするから、物が散らかり、景色がこわれるのです。

でも、押し入れの中や物置部屋の中にもうけたバッファゾーンなら、いくら物を広げても、扉を閉めてしまえば外からは見えないので、景色はこわれません。

最初に述べましたね。思い出してみましょう。

景色をこわす物は、扉の中に隠してしまう。

ただし、バッファゾーンは、収納全体にゆとりを持たせるのとは少し意味が違います。

あるお宅の奥さんから「収納はすべて7割を心がけているのに、使い勝手が悪い」という相談がありました。

バッファゾーンとはあくまでそこに物をチョイ置きしたり、洗濯物を畳むなどの作業ができるスペースのことですので、収納全体を空けるのではなく、その空間だけをしっかり確保することが大切です（YouTube『週末ビフォーアフター』178話参照）。

物が多い家は、あえて物の場所をつくるという発想の転換

物が多くて埋める収納が足りないときは、あえて物の場所を部屋の中につくってしまうという荒業《あらわざ》があります。ひとつ例を挙げましょう。

このお宅は、手狭な2LDKに親子3人で暮らしていました。部屋の容量に対して物の量が多すぎて、おまけに収納が少ないので、物を寄せても埋めるための収納がありません。

家族の人数からいって、ひと部屋を物置部屋としてつぶすこともできません。そういう場合は、部屋を仕切って物のためのスペースをつくり出すという荒業を出すことがあります。

この家も、リビングとキッチンの間に食器棚やカラーボックスを置いて仕切りをつ

くり、この空間を物を〝逃がす場所〟として設定したのです。カラーボックスの背後には、毎日使うマスクやティッシュなどの消耗品のほか、食料のストックを置くなどしてパントリーとしての機能も持たせました。

また、リビングに散らかりそうな物は、とりあえず持ってきて置いてもいいような場所ももうけました。

仕切りが死角となって、リビング側からはごちゃごちゃ置かれた物が見えません。その代わり、キッチン側からの景色は悪いのですがアクセスがしやすいので、機能的なスペースになりました。

この家族はすぐチョイ置きしたがる人たちでしたが、リビングとキッチンの間に物のスペースができたことで、リビングに物を置きっぱなしにすることが減り、パブリックスペースとしてのリビングの景色をすっきりさせることに成功したのです（YouTube『週末ビフォーアフター』１６３話参照）。

また、別の例では重厚な婚礼ダンスを使って部屋を区切り、ウォークインクローゼットをつくってしまったこともあります（YouTube『週末ビフォーアフター』14話参照）。

このように部屋の空間の使い方次第で、収納を増やし、収納の稼動率を上げて、景色よく暮らすことが可能です。

【部屋に物の場所をつくる方法】

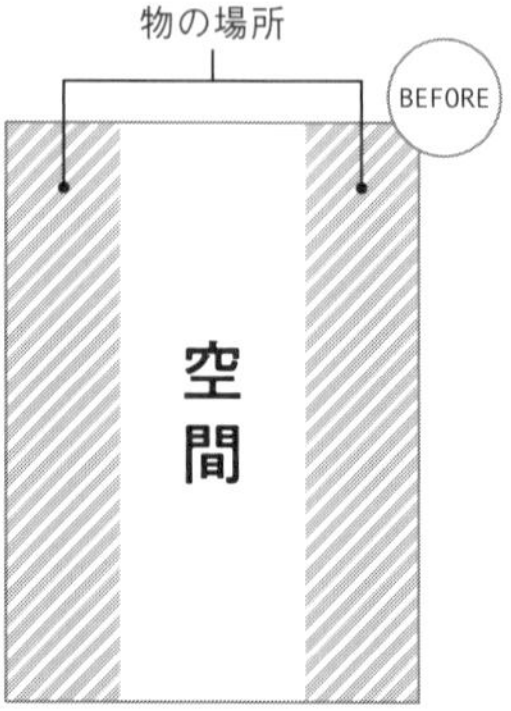

部屋の両サイドに
物の場所があると景色が悪い

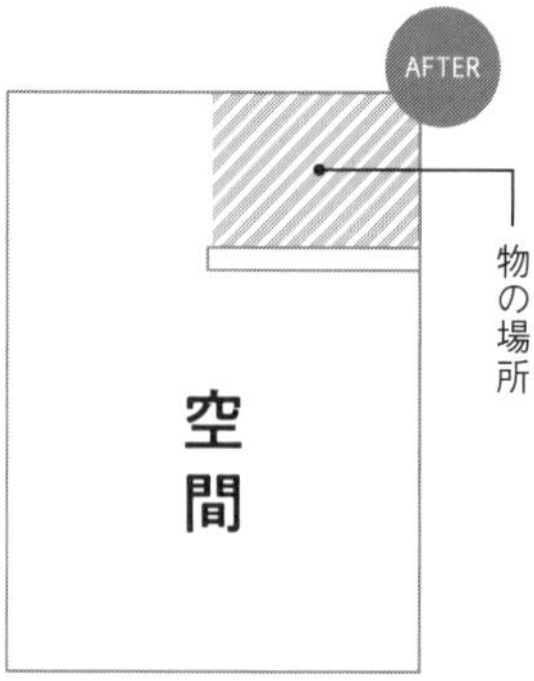

部屋を仕切って物の場所をつくると
景色が見違えるように変わる

-COLUMN-

場所別

稼動率の上げ方

PLACE

キッチン

キッチンに置くのは稼動している物だけ

キッチンはスペースが狭いわりに、置かれているアイテム数が多く、しかも収納の容量がそれほど大きくないので、管理が大変です。

散らかったままにしておくと、毎日使う場所だけにストレスがたまります。それに、火を使うので散らかっていると危険なうえ、汚れたままにしておくと衛生的にもよくありません。

キッチンの収納こそ稼動率を上げて、物がどんどん回っている場所にしなければいけません。**キッチンに置くのは稼動している物中心**、この大原則を徹底しましょう。

おたまは2個だけ、それ以外は埋める

そのためには、ゴールデンゾーンとそれ以外の場所の使い分けが重要になってきます。

まず、キッチン収納のゴールデンゾーンには、いつも使う物を置きます。それ以外のふだん使わない物は、シンク下の奥や吊り戸棚の上など、取り出しにくいところ（いわばキッチン内における僻地）におさめましょう。

それでも物があふれたら、キッチン以外の場所、たとえば物置部屋や僻地の収納にしまっておきましょう。使っていないけれど、とりあえず置いておこうという物がキッチンの稼動率をもっとも下げてしまうからです。

あるお宅では、クッキーなどお菓子をつくるときだけに使う料理器具が、ふだんよく使う物の中に交じっていました。

そのひとつを取り出すために、いろいろな物を動かさなくてはならず、時間がかかることこのうえありません。キッチンで物が散らかる原因にもなっていました。

よく使う物とあまり使わない物は、しっかり分ける必要があります。たとえおたまがたくさんあっても、よく使うのが2個ならそれだけを置いて、残りのおたまはシンク下や吊り戸棚の上に埋めれば、日々の家事はスムーズになります。

シンク下の深い引き出しは重量に注意して

シンク下の引き出しはよく使う物がすぐ取り出せる収納場所なので、とても便利です。だからといって、何でも詰め込んでいいというものではありません。

シンク下の一段目の引き出しに、お鍋から調味料、お米まで全部入っているお宅がありました。そのため、その引き出しを引き出すとき、ものすごく重いのです。

これを1日に何度も出し入れする奥さんは、まるで毎日筋トレをしているようでした。

ふだんよく使う物でも、取り出しやすい場所に全部入れてしまうと、このように重たい引き出しになります。引き出しが重いと開け閉めが大変ですから、そのうち物が外に出しっぱなしになります。

重量のある醤油や油などの調味料はコンロ下の引き出しへ、お米は炊飯器がある棚や食器棚のいちばん下の引き出しに、調味料のストック類はコンロと向かい合った棚に並べておけば、毎日開け閉めする引き出しは軽くなり、スムーズに料理がつくれるようになります。

食器の数は少なめ、積み重ねるのは2種類まで

食器は、ふだん使う物と使わない物をきっちり分けてください。特に食器の数が多い人は、この原則を守りましょう。

一緒くたにしてしまうと、使う食器を取り出すたびに、使わない食器をあちこち移動させるなど、とてもわずらわしくなります。

暮らしていれば、自然に食器は増えてしまいます。子どもが独立するなど、家族構成が変わったときを機に、使わない食器は譲る、処分する、埋めるなどして、食器棚に置く食器の数をしぼりましょう。

食器棚の稼動率を上げるには、棚板の数を増やすのがおすすめ、という話は89ペー

ジでしたと思います。その際、積み重ねる食器は1種類の物を、多くても2種類までにします。何種類も積み重ねると、下のほうから必要な食器を取り出すのが大変になります。

反対に、使わない食器はごっそり重ねて下のほうに埋めておきましょう。稼動率の高い食器棚は、よく使う食器を1秒で出せて1秒で戻せるイメージです。

自分の家の食器棚がそうなっているか、今一度食器棚をチェックしてみてください。

棚板を増やせないところには、「ディッシュラック」を利用して。食器の出し入れがしやすくなる。

PLACE

子ども部屋

稼動率を上げる子ども部屋のつくり方

子どもが小さいうちは、親が物の管理をして、子どもに片づけ方を教える必要があります。物を稼動率で考えられる子どもに育てるのが目標です。

そうしないと、無秩序《むちつじょ》に物を買ってきて増やし、片づけができない子になってしまいます。欲しがるからと無限に与えても、子どもは管理できません。大人になってから、物やお金のやりくりができない人間になってしまいます。

稼動率で考える子に育てるには、まずは子どもの背丈に合ったゴールデンゾーンに、親が厳選した着替えやおもちゃなど稼動する物をおさめ、子ども自身に管理させます。

子どものうちから稼動する物をしっかり使い、使ったら戻す。この「使ったら戻す」

をセットに生活する習慣づけが大事です。

もしそれができないときは、物の量や仕組みを見直してあげてください。子どもは複雑なことができません。片づけられないことを責めるのではなく、この子だったら、どんな入れ物が戻しやすいのか、シンプルに出し入れできる仕組みを考えてあげてください。

子どもが出し入れしやすい環境をつくったら、それ以外のところは親の管理でいいと思います。

たとえば、お母さんの腰から上のスペースは子どもの手が届きにくいので、稼動しない物をおさめます。お下がりでもらってきて今はスタンバイ中の衣類や、子どもがつくった作品など思い出の物などを入れてもいいでしょう。

なお、子どもの背丈が大人に追いついてきたら、それまで親が管理していたスペースも子どもにまかせてください。

おもちゃで枠の概念を学ばせる

稼動率を学ばせるには、おもちゃが最適です。おもちゃを入れる場所を決めておいて、ここからあふれ出してはいけない、つまり「枠の概念」を覚えさせるのです。おもちゃが多すぎると、何が必要で何が不必要かがわからなくなります。

稼動しているおもちゃと稼動していないおもちゃを一緒にしておくから、全部出して遊ぶのです。おもちゃの種類はできるだけしぼりましょう。

おもちゃが多すぎる場合は、稼動していないおもちゃを僻地に埋めて、いったん寝かせましょう。

一度埋めると、もう子どもはそのおもちゃでは遊ばなくなります。その程度の執着しかなかったのです。折を見て、子どもに確認してから手放しましょう。

子どものおもちゃがものすごくたくさんあって、足の踏み場もないほどおもちゃが散乱しているお宅がありました。その家の子どもが私に「何ひとつおもちゃを捨てないで」と懇願《こんがん》するので、ほとんどのおもちゃを僻地に埋めて、広々としたスペースをつくってあげました。

すると、子どもは大喜び。新しくできた空間を走り回ったり、でんぐり返しをしたり。あれほど執着していたおもちゃのことは、すっかり忘れてしまいました。たくさんあるおもちゃより、何もない広々とした空間のほうが楽しかったのです。

結局、その日以来、その子はおもちゃであまり遊ばなくなったそうです。おそらくそれまでも、気に入って遊んでいるおもちゃの数は少なかったのではないでしょうか。おもちゃに対する執着も薄れて、使っていないおもちゃはすんなりサヨナラできたと、お母さんから報告がありました。

おもちゃで人生も学べる

基本的に、おもちゃは親が勝手に捨ててはいけません。ちゃんと本人にサヨナラさせる。これがこの先の人生で大事だと思います。

新しいおもちゃを欲しがったら、「まだお友だちがたくさんいるから」と伝えましょう。それでも新しいおもちゃが欲しいのなら、古いおもちゃにちゃんとサヨナラさせます。

物を大事にする子に育てるには、おもちゃをいろいろ与えてはダメです。

このミニカーがずっと好き、この絵本が大好き、というその「好き」が、物を大切にする心、ひいてはお友だちや身近な人を大切にする心をはぐくみます。

おもちゃは、与え方次第で、子どもに人生を学ばせる絶好の教材になります。くれぐれも大人が無制限に与えたり、勝手に処分したりしないようにしましょう。

PLACE

玄関

下駄箱から稼動率を上げる暮らしが始まる

玄関はその家の顔。外から入るとき、最初に目にするのが玄関の景色です。玄関が散らかっている家は、例外なく家の中も物が散らかっています。家をきれいに片づけたいなら、まず玄関の景色から整えましょう。

玄関で大切なのは、下駄箱の稼動率です。わが家では、たたきに物をいっさい置かないようにしています。そのため、下駄箱は稼動率100パーセントでフル稼動しています。

玄関に靴が出しっぱなしの家をよく見かけますが、玄関はパブリックスペースです。すぐ履く靴以外は出しっぱなしにせず下駄箱に入れておくのが、すっきりした景色を維持するコツです。

下駄箱の稼動率を100パーセントにするには、まずゴールデンゾーンに今履いている靴をおさめます。よく履く靴はすぐに履ける状態でスタンバイしておくのです。一方、冠婚葬祭《かんこんそうさい》でしか履かないような靴、つまり稼動率ゼロに近い物は、下駄箱の上の取りにくい場所に置きましょう。下駄箱の収納が少ないときは、下駄箱以外の場所に置いてもいいと思います。

靴は必ず下駄箱におさめなければいけないというものではありません。

下駄箱に入れるのは靴だけとは限らない

玄関で散らかりがちな物は、靴だけとは限りません。家や車の鍵、マスク、部活の道具など、いつも玄関に置かれてしまう物があるなら、それらの場所を下駄箱の中につくってしまうのも手です。

わが家では、家の鍵をかけるフックを下駄箱の扉の内側につくって、靴と同時に鍵も戻します。知り合いは、スポーツジムに通うウェアやタオルなどジム用品一式を下駄箱に置いているそうです。

ジムに出かけるときは、下駄箱からそれを取り出し、帰ってきたら、洗濯する物以外は下駄箱に戻すと言っていました。

マスクの定位置を下駄箱の中にもうけている人もいます。

靴と小物を一緒にするのに抵抗がある人も、下駄箱の中を整理して、靴のスペースと小物のスペースをきちんと分ければ、それほど不衛生ではありません。

汚れた靴や古い靴をぎゅうぎゅうに詰め込んで、まるで靴のゴミ箱のようにしているから、汚い場所だと思うのです。玄関は家族全員が通る動線上にあります。そこにある収納場所が下駄箱ですので、いつも清潔に、稼動率100パーセントを目指しましょう。

場所をとるベビーカーや自転車、生協の箱はどうするか

子どもが小さいうちは、ベビーカーや子ども用自転車が玄関に置いてあることがあります。かなりの場所をとっていて、玄関の景色を台無しにするのですが、子どもが

小さいうちだけですので、その間だけは目をつぶるしかありません。

でも、そのうち台無しの景色に慣れっこになってしまい、もう使わないのにいつまでも置きっぱなしという家も多いのです。

その子ども用自転車、今、稼動していますか？　そのベビーカー、２台も必要ですか？

玄関に当然のように置かれた物たちの存在意義を、今一度問い直してみてください。

生協の通い箱も場所をとる物のひとつです。出しっぱなしにすると、常時、玄関にあり続けるので、景色的によくありません。

できれば、下駄箱や玄関近くの収納の中に定位置を決めて隠すのがいちばんです。

そんなスペースはないという人も多いのですが、そういうお宅に限って、下駄箱や収納の中によけいな物がいっぱい詰まっていることがよくあります。本当に場所がないなら、玄関に近い部屋の中にスペースをつくってもいいでしょう。

通い箱をおさめるスペースが本当にないのか、稼動率を考えて、物の整理をしてみましょう。

PLACE

寝室

寝室こそ稼動率100パーセントを目指すべき

寝室は、稼動率100パーセントを目指してほしい場所です。なぜかというと、基本的に寝るという行為に、寝具や目覚まし時計、ライトなどをのぞけば、物は必要ないからです。

寝るために必要な物の量は極端に少ないのが寝室です。ですから、必要な物しか置いていなければ、寝室の稼動率は100パーセントになります。

しかし、家全体の収納の容量が少なくて、寝室が僻地の物置として使われている場合は注意が必要です。

寝室は体を休める場所ですので、寝る場所と、稼動していない物の置き場所の境界線をしっかりつけましょう。

たとえば、ベッドの下が稼動していない物の埋め場所になっていたら、そこから絶対に物をあふれさせてはいけません。

わが家は、寝室のクローゼットの下段と上段の奥が稼動していない物の埋め場所になっているので、クローゼットから物がはみ出さないよう注意しています。

寝室におもちゃが入るからややこしくなる

寝室は本来、寝る以外にすることはないのに、いろいろな物を置いてしまうから景色がすさんでくるのです。

よくあるのは、子どものおもちゃを置いている家です。そもそも寝室で子どもを遊ばせること自体、体を休めるという本来の目的から大きく逸脱《いつだつ》してしまいます。

百歩譲って、子どもを遊ばせるスペースが寝室以外になかったとしても、おもちゃはその都度きちんと元の場所に戻させること。そうしないと、親が休まる時間がありません。

寝室で子どもを遊ばせる家は、布団を敷きっぱなしにしているケースが多いようです。布団の上でゴロゴロすれば、小さい子でも安心だからでしょう。

でもそうすると、布団はたいてい万年床になり、景色的に残念な空間になります。もし忙しくて、布団の上げ下ろしができないのであれば、ベッドにしてしまったほうがいいでしょう。私は面倒くさがり屋なので、いちいち布団の上げ下ろしをしなくていいベッドにしています。

趣味の物で飾るのならＯＫ

寝室によけいな物は持ち込まないのが原則ですが、自分の好きな物を飾ってながめるのはいいと思います。そうすることで心が満たされ、ゆっくりくつろげるのなら、それもありです。

私の夫は趣味のベースギターを寝室に飾り、寝る前にそれらをながめながら好きな音楽を聴き、楽しんでいます。

とはいえ、夫婦同室の寝室なら相手がいることですし、あまり自分の趣味の物だらけにせず、相手に対する思いやりを持ちましょう。

寝ることに必要のない物を持ち込む場合は、最低限にとどめ、数や置き方など、十分配慮してください。

寝室にワークスペースをもうけるときの注意点

部屋数の関係で、寝室にワークスペースをもうけている家もあるでしょう。また、わが家の場合もそうですが、子どもが成長すると、子どもに大人の個室を明け渡して、寝室が大人のプライベートルーム兼ワークスペースになることもあります。

その場合は、寝る場所とワークする場所をしっかり分けることが大事です。寝る場所に仕事の道具がいっぱいに広がっていたら、心も体も休まりません。

休む場所と働く場所に区切りをつけるには、スペースに物を置きっぱなしにしない、デスクの脇に、ボックスでも棚でもかまいませんが、物を寄せるスペースをつくってください。

そして寝るときは、物もいったん静かな状態に戻すことが大切です。

CHAPTER 4

片づけのいらない仕組みづくり

週末のたびに片づけていませんか？

片づけの最終目標は、片づけをやめることだと私は思っています。私は、本当は面倒くさがりで、片づけが大嫌いです。

片づけがしたくない、片づけに時間をとられたくない。だから片づけなくても済む片づけを、ずっと追い求めてきたのです。

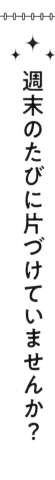

今までのように白い収納ケースを買って整理整頓したり、定位置にラベリングしたり、きれいに見せる片づけだと、ママだけは頑張れても、家族の協力がなければいずれ限界がきてしまいます。理想と現実はかけ離れていくばかり。

週末のたびに片づけに追われるような生活とサヨナラしたい。頑張らなくても済む片づけを目指したい。そのためにはどうしたらいいか、を考えるところからスタートするのが古堅式の片づけです。

頑張らないためには、**一連の動作の流れの中で、自然に片づけられるのがいちばん**です。わざわざ片づけをするために「よっこらしょ」と動くのではなく、ふだんの流れの中で、自然に片づけられる。

つまり、日常の動きをあまり妨げずに片づけられるようにするには、どういう仕組みにしたらいいのかを考える必要があります。

たとえば、動線上に物の定位置があれば、動く流れの過程でスムーズに物が戻せます。動線が大切と言ったのは、そのためです。

よく、「物が減れば片づけやすくなる」と考える人が多いのですが、これは誤解です。物が減っても、片づけのシステムができていなければ、物は散らかって、その都度片づけに追われることになります。

お金をかけて物を捨て、必要最低限の物しか残していないご夫婦がいました。

家の中はたしかに物は少なめでした。でも片づいていません。なぜかというと、物を減らしたまではいいものの、何をどこに置いていいのかわからなかったからです。

手放すことまではできても、その先の、どういう仕組みをつくるかまでを考えておかないと、また家が散らかり、景色が維持できず、いつも片づけに追われてしまいます。

これでは何のために物を減らしたのかわかりません。頑張らなくても片づけられて、景色を維持するには、どんな仕組みを取り入れたらいいのか。

これから、いくつかその仕組みの例をご紹介しますが、その中からどの仕組みを取り入れるかは、家ごとに異なります。

ひとり暮らしなのか、夫婦だけなのか、子どもがいるのか、親がいるのかなどいろいろなパターンがありますし、家の広さや間取りもさまざまです。

また、その人が何を優先しているかによっても、仕組みは変わるでしょう。シンプルですっきりした物が少ない中で暮らしたいのか、それともいろいろな物を持ちながらも心にゆとりを持って暮らしたいのかによって、部屋の景色も違ってきます。

誰かの家の仕組みをそのまま真似《まね》したからといって、自分の家にそれが合うとは限りません。いくつか試してみて、自分の家に合う仕組みを見つけてください。

仕組み①

ラインでそろえる考え方

水のライン・火のライン・作業ライン

ラインで考える仕組みを思いついたのは、キッチンでした。キッチンは狭いうえに物が多く、仕組みを考えないと、すぐに物が散らかってしまいます。

どうしたら散らからず、すぐに片づけられるのかを考えていたときに、ラインで物をまとめることを思いついたのです。

キッチンにはシンク（水）とコンロ（火）があり、さらに切ったり、混ぜたりする作業スペースがあります。動線から考えると、シンクを使うときは、水に関係する物がすぐ手に届くところにあったほうが便利です。コンロを使うときは、火に関係する物が近くに欲しいでしょう。

そこで私が考えたのが、キッチンを「水のライン」「火のライン」「作業ライン」に分けることでした。シンクを中心とした「水のライン」には洗剤やスポンジ、ボウルやザルなどを置き、食器もコップやカップなど「水」に関連する物を置きます。

また炊飯器は、わが家では「水のライン」に置いていて、炊飯器の上には茶碗が、下の引き出しには箸としゃもじが、さらに下の収納にはお米が入っています。

「水のライン」の中にさらに「炊飯器のライン」ができているわけです。

コンロを中心とした「火のライン」にはフライパンや鍋、フライ返しなどコンロで使う物のほかに、調理時に使う調味料も置きます。

「作業ライン」にはまな板、包丁、菜箸など作業で使う物や、「水」のラインと「火」のラインの両方で使う物を置きます（ラインの考え方はYouTube『週末ビフォーアフター』20話参照）。

なお、わが家では、まな板と包丁は「水のライン」に置いています。その家によって、どの場所でいちばんよく使うかを考えて、便利な場所に置けばいいでしょう。

また、食材も「水のライン」「火のライン」「作業ライン」によってふり分けます。

たとえばわが家の場合、お米は「水のライン」に置いてありますが、パスタは「火のライン」にあります。

さらに各ラインのゴールデンゾーンには、もっともよく使う物を置いていきます。

このように、ラインによって物を配置すると、アイテムごとに入れる従来の常識とは少し違うキッチン収納になります。

物の定位置は「水のライン」「火のライン」「作業ライン」によってライン別に分けてあるので、食器もひとつの場所にまとめず、コップはあっち、茶碗はこっち、お皿はここなど、一見するとバラバラに置かれたりすることもあります。

でも、作業する動線から考えると、「使う」と「戻す」が同じラインにまとまる仕組みになっているので、戻しやすいと思います。

「使う」と「戻す」をセットで考えるのが古堅式ライン別収納の考え方です。

お母さんのラインとお茶のライン

このラインの考え方はキッチンだけでなく、あらゆるところに応用できます。あるお宅ではリビング横にある納戸をパントリー兼物置部屋に変えて、その中に「お母さんのライン」をつくってあげました。

納戸の入り口付近に置いた棚の一部を更地にし、その棚の上下に「お母さんのライン」をつくったのです。

棚の上には、鏡と一緒にお母さんが髪を巻くカーラーやメイクボックスが置いてあります。棚の前に座れば、この場所はお母さんのメイクルームに早変わり。さらに棚の上でちょっとした書き物もできるので、とても喜ばれました。

また、納戸の中にバッファゾーンとして作業スペースをつくり、ここをお母さんの「お茶のライン」にしました。お母さんの夢は、家に友人を招いてお茶をふるまうことだったからです。

作業スペースの近くにお茶菓子やお客さん用のカップを配置。キッチンからポットに入れたお湯を持ってくれば、この場所でお茶の準備がすべて完了するような仕組みをつくったのです。このように、使う人別や使う場面、用途別などラインとして分け、一連の動作がスムーズに流れるよう工夫すると、片づけが楽になります（YouTube『週末ビフォーアフター』１６８話参照）。

仕組み②

ゴールデンゾーンの使い方

ゴールデンゾーンは見える＋出しやすい

物を置くとき、背丈より上になると、とても取りにくくなります。また、しゃがんで取らなければならない場所も不便でしょう。

置くのであれば背丈より下、特に人の腰から背丈までの間がベストです。ここを私は「ゴールデンゾーン」と呼んでいるのは前述したとおりです。

このゾーンには使う頻度の高い物を、扉を開ければ見える状態で置くのが原則です。見えていればすぐ使えますが、見えていないと忘れてしまう＝動かなくなって、稼動率が下がるからです。

また、物によっては出し入れしやすい仕組み（棚やすぐ取り出せる収納ケース、コの字ラックなど）があると便利です。

たとえば、お皿はうず高く積み上げて置くより、棚で区切って1種類ずつ重ねて置いたほうが取りやすいでしょう。棚の代わりに、私はコの字に置いて使うディッシュラックを使って、食器を取り出しやすくしています（112ページ参照）。

ゴールデンゾーンに奥行きがあるときは、いちばん使う頻度の高い物を手前に、二軍の物はその奥に気配がわかるように配置するなど、使用頻度と置く場所はつねに考慮しましょう。

トップ・オブ・ザ・ゴールデンで「収納占い」ができる

ゴールデンゾーンの中でも、動線上、もっとも出し入れがしやすい収納のゴールデンゾーンを、私は「トップ・オブ・ザ・ゴールデン」と呼んでいます。

たとえば、リビングのすぐ手前にある収納や、入り口を入ってすぐの押し入れ、利き手側の収納の扉の中にあるゴールデンゾーンなどが「トップ・オブ・ザ・ゴールデン」で、僻地にある収納のゴールデンゾーンは「トップ・オブ・ザ・ゴールデン」にはなりません。

「トップ・オブ・ザ・ゴールデン」は稼動率100パーセントで、常時動いていないといけない場所です。

私は片づけの依頼があったお宅を訪問するとき、必ず最初に見るのがゴールデンゾーン、特にトップ・オブ・ザ・ゴールデンの使われ方です。毎日使う物がここにないお宅は、ほかの部屋を見なくても、だいたい散らかっている家の様子がわかります。「ここを見れば収納占いができるよね」と、よくスタッフとも話しているくらいです。

ゴールデンゾーンは人によって違う

ゴールデンゾーンは人の身長によって異なります。身長が180センチのご主人と120センチの子どもとでは、当然ですがゴールデンゾーンが異なります。身長150センチの奥さんのゴールデンゾーンも違うでしょう。

それぞれが必要な物は、それぞれの高さに合ったゴールデンゾーンに収納しましょ

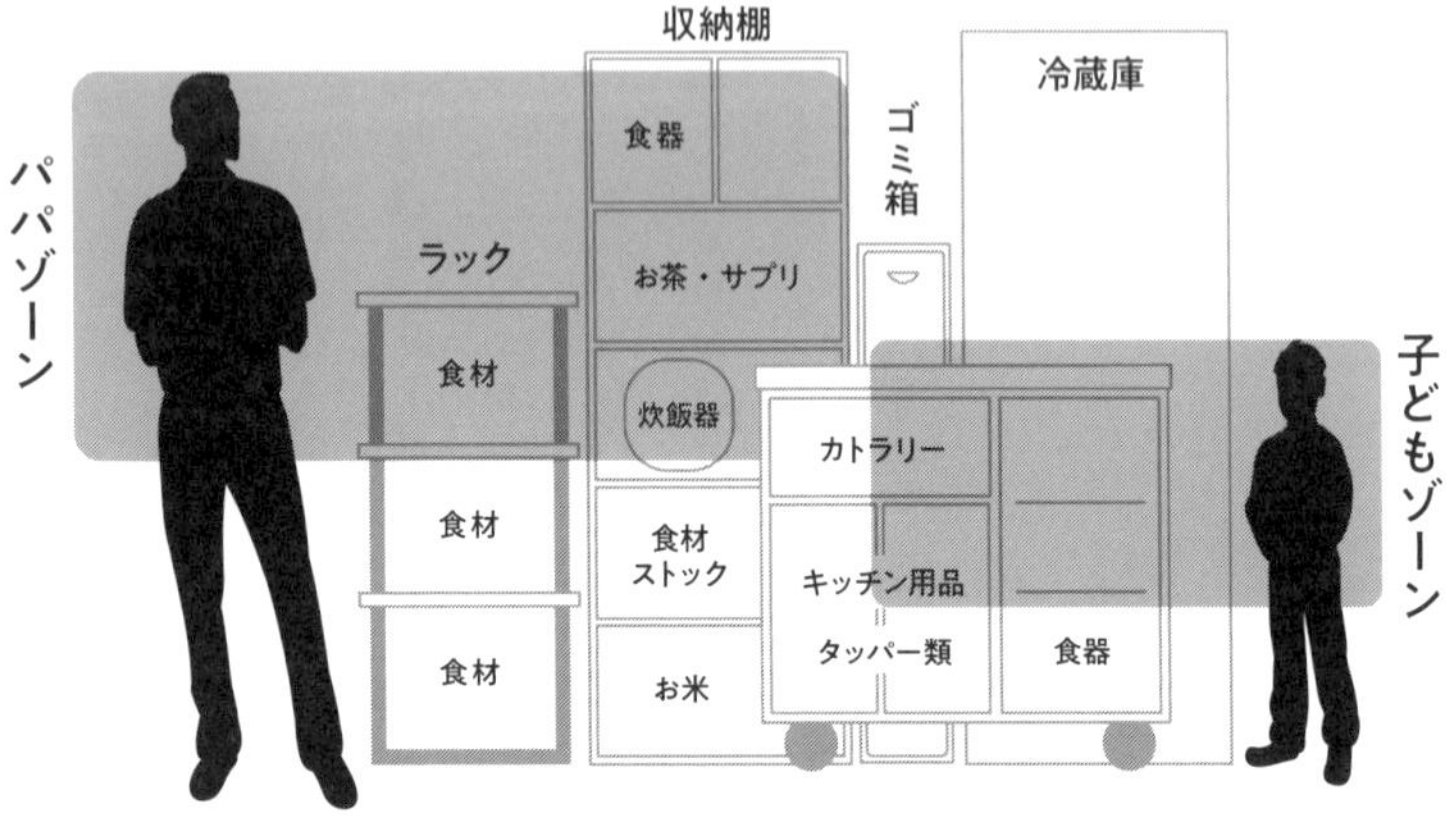

う。

たとえばタンスなら、上のほうの引き出しはご主人の物、真ん中は奥さんの物で、下の段は子ども用にすれば、スムーズに使い分けができます（YouTube『週末ビフォーアフター』20話参照）。

ストック類はダンボールから出す

すぐに使わないけれど消耗が激しいストック類は、軽い物ならゴールデンゾーンの上、重い物ならゴールデンゾーンの下に入れます。

ストック類も在庫が見えないと「ない物」になってしまい、また買ってきて、物を増やす結果につながります。あるお宅では、赤ちゃん用のおしりふきのストックが何百個と出てきたことがありました。

「いったいいくつお尻があるんですか」と思わず冗談を言ってしまったほどです。

そうならないために、ストックはダンボールから必ず出し、見えるように保管します。箱のまま積んでしまうと、中が見えないだけでなく、出し入れもしにくいというデメリットもあります。

わが家では定期的に水を注文していますが、水が届くと必ずダンボールから出し、ベランダのコンテナに運んでいます。コンテナには水を1本ずつさして保管できる収納ケースがあるので、出し入れも楽だし、水の在庫もひと目でわかります。

なお、ダンボールをそのまま玄関に置きっぱなしにするくせのある人は、物を置く専用の部屋（物置部屋）をつくるか、なるべく玄関の近くにダンボールを置くストックのコーナーを目立たない場所につくり、箱ごとそこに置けるようにしましょう。

ダンボールから出したり、箱をつぶしたりするのは面倒でも、箱を運ぶくらいはできるのではないでしょうか。

重いので運ぶのが面倒という人は、持ち手がない平台の台車（平台車《ひらだいしゃ》）を用意すると便利です。ネットでも検索するとたくさん出てきます。ふつうの台車と違って持ち手がなく、平らなので、立ててすきまに収納ができて場所をとりません。

わが家でも、床にダンボールは置かないと決めているので、クローゼットのすきまにこの平台車が入れてあり、炭酸水やビールの箱が届いたときは、宅配の人に頼んで平台に載せてもらいます。

そうすれば、私の力でも楽にキッチンまで運べます。ダンボールを開ける時間がないときは、台に乗せたままクローゼットに隠すなど、古堅式の「扉の中に隠す」収納を実践しています。

稼動率とは、物を動かすことですから、まさにこの平台車は稼動率を助けるありがたい助っ人といえます。

女性の力では持てない重たい物も、この平台車があれば移動させるのは楽。すきまに収納できるのもうれしい。

仕組み③

動く物と動かない物を仕分ける

動く物と動かない物でメリハリをつける

人が集まる場所は、物もよく動きますから、そこにある収納は高い稼動率で回っていないといけません。特に、ゴールデンゾーンはフル稼動している必要があります。

反対に、人があまり使わない部屋の収納や、ベッド下、高いところにある収納など、稼動しにくい収納には動かない物を埋めます。

ただし、埋めるときも物のカテゴリーはある程度そろえたほうが、万が一掘り出さなければならなくなったときに便利です。

一例を出すと、わが家の次男の部屋の押し入れは、右側には超稼動している物が入っていますが、左側はあまり稼動していない物が集められており、特に押し入れの左下にはまったく動いていない物が保管されています。

これは押し入れの左側の引き戸をほとんど開けないからです。また、天袋には年に一、二度出すか出さないかという頻度の季節ものや思い出の物が入っています。

このように動く物と動かない物をはっきり分け、収納する場所も分けるなどメリハリをつけておくと、片づけがしやすいでしょう。

グレーゾーンはざっくりボックスで対応

動く物と動かない物を仕分けると言いましたが、どちらかわからないグレーゾーンの物もあります。もし迷ったら、とりあえずざっくりボックスに入れるのがいいでしょう。

すべての物の分類をきっちり決めてしまうと、心に余裕がなくなる気がします。多少でもあいまいさや遊びがないと、生活は窮屈《きゅうくつ》になってしまうのではないでしょうか。

それに、物の行き先がわからずに迷っていると、出しっぱなしになる危険性があります。

「これは使うか使わないかわからない」「捨てていいかどうかわからない」など判断に迷うときは、とりあえず保留のざっくりボックスがあれば安心です。

もちろん、ざっくりボックスに入れっぱなしにしないで、1週間に一度は見直すとか、ボックスがいっぱいになったら中身を検討するといったルールづくりはしておきましょう。

いったんは寝かせる場所があってもいい

また、子どもが巣立つなど、家族構成が変わるにつれ、動く物、動かない物の見直しが必要になってきます。

子どもがつくった作品や部活の道具、制服など、もう動かないとわかっていても、手放すにしのびないという物たちは、いったんは僻地に寄せて寝かせておく場所をつくってもいいでしょう。

しかし、いったん寝かせても1年に一回は見直してください。1年後に見ると自分の価値観が変わっていて、「なんでこんな物を取っておいたんだろう」と思うかもしれません。

また、ふだんでも、寝かせている場所にときどき行ってみると、「必要ないな」と判断できることもあります。見なければ存在しないのと同じになって、ずっとそこにあり続けますが、ときどき見ることでいらない物を減らしていけます。

仕組み④

物専用の部屋をつくる

最悪、ひと部屋が〝地獄〟になっても

片づけがいらない究極の仕組みは、物を置く専用の部屋をつくることです。片づけが苦手な人は、物を定位置に戻すのが苦手です。だったら、「物の部屋」をつくって、物はみなこの部屋に持っていくことにすれば簡単です。

部屋数に余裕がないと「物置部屋をつくるなんて無理」と言う人が多いのですが、そうでもありません。何となく子ども部屋、何となく夫の書斎などと決めてあっても、物だらけで部屋が機能していないこともよくあります。

あちこちの部屋に物が散乱して、全部の部屋の景色が台無しになるくらいなら、ひ

とつの部屋を犠牲にして、そこが〝地獄〟になっても、ほかの部屋、特にみんなで過ごすリビングやダイニングが、すっきり居心地がいい空間に生まれ変わるほうが重要だと私は思います。

部屋ひとつを丸々つぶす余裕がないときは、106ページで紹介したように部屋の一部を区切って、物のスペースをつくってもかまいません。

とにかく、リビングなどパブリックスペースは、「扉の中に隠して」物を出しっぱなしにしない。その代わり、物置部屋は物をモロ出しにしてもいい、というメリハリをつけます。

物はコの字に置き、真ん中はアイランドに

物置部屋をつくるときは、必ず部屋の中を回遊できる仕組みにしてください。部屋の中を自由に歩けないと、何がどこにあるのかわからなくなって、同じ物を買ってしまったり、稼動できる物が稼動できなくなったりします。

物置部屋をつくるとき、私は必ず壁に沿って「コ」の形に物を置き、さらに部屋の

真ん中にアイランドのように物を置きます（YouTube『週末ビフォーアフター』122話、142話、168話、170話参照）。

こうすれば、部屋の中をぐるりと回遊でき、すべての物をまんべんなく動かすことができます。

物を増やす人は、不安だからストックを買ってしまう傾向があるのですが、物の置き場所を回遊できれば、「ここにこれがある」「まだこれだけある」と見て安心できるので、無駄な買い物が減らせます。また、「ここにこんな物があった」と再利用につながることもあります。

片づけは捨て方より、物の買い方を見直したほうが家が散らかりません。そのためにもストックがないと不安な人は、物専用のスペースをつくりましょう。

目的別や使う場所ごとにまとめたほうがいい

物置部屋に物を集めるときは、目的別や使う場所ごとにまとめたほうが利用しやすいでしょう。YouTube『週末ビフォーアフター』の170話の例で言うと、キッチンで使う物、リビングで使う物、家族の衣類などに分けて置いてあります。これは131ページで説明したラインでそろえる考え方と通じています。

物置部屋をつくると、物をどんどん運び込み、カオスになってしまうことがあります。それを防ぐためにも、「コ」の字とアイランドのレイアウトは守りつつ、目的や使う場所ごとに、ある程度まとめたほうがいいと思います。

また、スチールの棚やカラーボックスのような扉のない収納は物置部屋に置いて、目的、使用場所ごとに物を並べてみましょう。ひと目で在庫管理ができるので、とても便利です。

このように、物を見える形で置けるのは物置部屋の特権です。リビングやダイニングなど共有の場では、景色をこわさないために、物は扉の中に入れて見えない収納を目指すのに対して、物置部屋ではなるべく見えるようにして、必要な物はいつでも取り出せるようにしましょう（YouTube『週末ビフォーアフター』168話、170話参照）。

仕組み⑤

リバウンドさせないためのルールをつくる

なぜそこが散らかるのか分析して修正する

せっかく寄せて、埋めて、きれいな景色をつくったのに、リバウンドしてしまうのはよくあることです。

暮らすというのは散らかること。生活していれば、物は動くし、たまっていきます。一時的にリバウンドした景色があらわれても仕方ありません。大切なのはリバウンドしても、すぐ元に戻せるかどうかです。

景色が変わることで今までと暮らし方が違ってきたのはたしかですから、その目線で片づけに向き合っていけば、リバウンドを繰り返しながらも、必ずよい方向に進化していくはずです。

片づけは、一度きれいにすれば終わりではありません。そこからがスタートです。いつもリバウンドするのであれば、仕組みのどこかに問題があるのです。

動線と収納が合っていないのか、収納の稼動率の問題か、はたまた容量に比べて持っている物の量が多すぎるのか。

要因はその家ごとに違いますから、なぜそうなるのかを分析し、その都度改善して修正していくことが大切です。

たとえば、いつも同じところに洗濯物がたまってしまうとしたら、洗濯物を取り込む場所が間違っているのかもしれません。ダイニングテーブルの上がいつも物だらけになるとしたら、その物たちを置く場所がない可能性があります。

どのような仕組みにするかは、その家ごとに異なります。自分の家に合う仕組みをトライ&エラーを繰り返しながら、探していく努力が必要です。

すぐリバウンドする人は、以下の項目をチェックし、改善策を考えてみましょう。

□物の量が多すぎないか
□動線と収納の場所が合っているか
□使う場所の近くにその物の収納があるか
□一等地の収納によけいな物は入っていないか（稼動率は100パーセントか）
□僻地の収納に何十年も使っていない〝化石〟が埋もれて場所をとっていないか

ハウスルールを決めるのもひとつの方法

景色を保つために、家のルールを決めておくのもいいでしょう。ルールを守れば、リバウンドも最低限におさえられます。

参考までにわが家のルールを紹介しましょう。

①出かける前にシンクの中は空にする（帰宅してから、朝食べた物の片づけから始めると、タイムロスになるので）

②洗濯物は畳んでしまって出かける。しまえないなら、押し入れの中にひとまず隠

して、見えるところに出しっぱなしにしない

③玄関に物は置かず、必ず更地にする（たとえ捨てるゴミ袋を一時的に玄関に置いても、時間がなくて捨てられないときは、一度玄関に運んだゴミ袋を元に戻すこともある）

④汚れたスニーカーなどは玄関に放置せず、すぐに洗って干す（時間がないときは風呂場に移動させ、汚れのもとになる物を玄関に置かない）

⑤夜まとめて整理したり、時間を決めて片づけたりするより、使った物はその都度戻す（特に夜寝る前に片づけをするのは、疲れていて苦行。使ったらそのたびに戻すほうが何秒かでできるので楽）

⑥リビングには最低限の物しか置かない（そうすると、よけいな物が増えたときすぐわかる）

⑦ダイニングテーブルの上は、食事、仕事、勉強など何をしてもＯＫ。ただし、使ったあとは更地に戻す

物が多い人向けの対策を立てる

物が多い人は物をあちこちに持ち込んで、せっかく整えた景色をこわしがちです。リバウンドも物が多い人が原因になることがしばしばです。ですから、何度もリバウンドし、その原因が特定の人にあるなら、その人専用の部屋またはスペースをつくってしまうのがいいでしょう。

その範囲内ならどれだけ物を持ち込んで広げてもいいけれど、境界線を越えたら、自分の物は置かないという決まりにしたらいいのです。

趣味の物が多い人やファッション好きなら、趣味部屋（スペース）または衣裳部屋（スペース）、本好きなら書庫を確保すればいいでしょう。料理好きの人はパントリーの部屋またはスペースを別につくると、キッチンが物だらけになるのを防げます。

重要なのは、**物が多い人の専用部屋（またはスペース）とそれ以外の場所の境界線を守ること。**境界線の内側は百歩譲ってカオス状態になっていたとしても、境界線から一歩外に出たら、物は置かないという原則を守ってもらうことが大事です。

インプットとアウトプットは1対1に

リバウンドしないためには、物が入ってくる量と出ていく量を1対1にするのが理想です。「入り」と「出」が1対1なら、物の量は変わらず、景色も維持できます。しかし、暮らしているとどうしても「入り」が多くて、「出」が少なくなりがちです。ですから、対策としては収納に少しゆとりを残しておくことです。だいたい収納が70パーセントくらい埋まっていて、30パーセント余裕があるなら、「入り」が少し多くなっても吸収できるので、リバウンドが防げます。でも、収納にほぼ余裕がないときは、「入り」と「出」の割合は1対1を守りましょう。

床が見えず、足の踏み場もないくらい物だらけのお宅に行ったことがありますが、その家では「入り」対「出」が5対1くらいの感じでした。そんな状態なのに、まだ毎日アマゾンから新しい荷物が届くのです。

これでは、家中が物だらけになってもいたし方ありません。「出」に対して「入り」の量が圧倒的に多すぎるのです。

景色をすっきりさせたのなら、物の量は今の状態を保つこと。つまり、ひとつ増やすなら、ひとつ減らす。

何か新しい物をひとつ買ってきたら、古い物をひとつ減らして、全体の総量を変えないようにしましょう。

どうしても物欲がわいてしまうときは、余裕のない収納の中をながめてみたらどうでしょうか。

わが家では、長男と次男に一室ずつ部屋を与えたことで、私のスペースが夫と共有になりました。

私の収納スペースも夫と共有していて、今は夫の物で余裕がない状態になっています。収納を開けるたびにほぼパンパンの中身が見えるので、これ以上物を増やす気にはとてもなれません。

容量を超えた瞬間、物は動かなくなり、たまっていきます。

「何かを買いたくなったら、買えるような環境をつくってから」と肝《きも》に銘《めい》じておきましょう。

心にゆとりを持とう

「景色を維持して、絶対にリバウンドさせない」という決意は大切ですが、少し散らかっただけでも目くじらをたてるような生活は息が詰まります。

景色を変える目的は、家族みんなが快適に、幸せに暮らすため。本来の目的を思い出してみましょう。

収納にゆとりをもうけるのと同じように、心にもゆとりが必要です。

仕組み⑥

強敵〝紙の沼〟にはまらない

紙はたまりまくるもの

散らかる物のナンバーワンといえば、チラシ、DM、学校からのおたより、テストなどの紙類です。それらがだいたいダイニングテーブルの上にチョイ置きされているのが、よく見る風景です。しかも紙類のほとんどは稼動していません。

私が見るところ、紙類の稼動率は多分ひと桁台。1パーセントも動いていない家もあると思います。おそらく1年に一回、紙類を整理すると、廃棄率は99パーセントくらい。ほとんどが動いていない物ではないでしょうか。

それら不要な99パーセントが、たった1パーセントの重要な書類や証書などと一緒くたになっているのですから、「あれがない」「これが見つからない」と大騒ぎになるのです。

紙はたまりまくるもの。そう認識しておいて、あらかじめ、紙をためない仕組みをつくっておくことが重要でしょう。

そうしないと、とりあえず置いた場所にどんどん堆積《たいせき》していって、堆積すればするほど、下のほうは稼動率が低くなります。化石のような紙が何重にも堆積して、場所もとるし、ダニやほこりも発生して、健康にも害が及びます。

枠をつくってそれ以上はあふれさせない

紙がたまりまくるものであるのなら、紙をきちんと管理する、つまり入れておく場所は必ず必要です。場所がないからあちこちに散乱するのです。

紙を漫然《まんぜん》とそこらに置くのではなく、紙専用の場所をつくりましょう。箱でもいいし棚でもかまいませんが、景色を考えるなら、なるべく紙が見えないようにするのがいいでしょう。

紙袋に入れてもいいのですが、景色的によくないのと、ガサガサと突っ込んでしまい、あとで整理するのが大変になります。ですから、順番に上から積み重ねていける箱や棚がおすすめです。

そして、保管場所をつくったら、そこから絶対にあふれないようにしましょう。つまり、枠を決めたらその枠におさまるように。あふれそうになったら必ず中身を点検して、不用な物は処分するようにしてください。

枠は3種類つくる

紙を保管する場所は3種類用意しましょう。1つめは稼動している紙を保管する場所。月末までに払わなければいけない請求書や、近々提出しなければならない書類などが該当《がいとう》します。

2つめは一時的に保管する場所。すぐには処理をしなくていいけれど、いずれは検討しなければいけない物や、取っておいたほうがいいかどうか判断に迷う物を入れます。

ダイニングの棚（右側）の下にある「紙ポスト」。紙が見えないよう、ふた付きのボックスに入れて景色をこわさないように。

3つめはずっと保管しておく場所。証明書や保証書、領収書など、長期に保管しておかなければいけない大事な物を保管します。

いずれも大切なのは、枠からあふれさせないこと。あふれそうになったら、必ず中身を点検して、必要がない紙は処分するようにしましょう。

ちなみに、私は紙を入れるポストのような箱をつくって、ダイニングの棚の下に置いていきます。そこに役所からのお知らせや支払いのお知らせなど、とりあえず取っておく必要がありそうな紙類を入れていきます。ポストに放り込むような感じです。

そうすると「紙ポスト」の中は、つねにいちばん上に最新の物があることになります。ときどき、「そういえばあれはどうなったっけ?」と気になったとき、箱を開けて入っている紙を点検し、いらない物は廃棄するということを繰り返しています。

たった今稼動している紙は目立つところに貼る

紙類の中でも、明日提出する必要がある物など、すぐに処理が必要な物があります。そういう紙は忘れないように、目立つところに場所を決めて貼っておくといいでしょう。

冷蔵庫にマグネットで貼ってもいいのですが、景色を考えると、私はどうしても抵抗があります。そこで、わが家ではリビング収納の内側の扉に貼るようにしています。

こうすれば、リビング収納を開けるたびに目に入るので、忘れることがありません。景色的にも、ビラビラした紙が表に見えていないのですっきりします。

箱の中は週に一度は見直す

保管した紙は1週間に一度、最低でも1カ月に一度は見直して、処分する物、保存する物にふり分けましょう。

保管したときは必要だと思っても、時間の経過とともに稼動しなくなっている物もあります。見直すことで、確実に紙の減量ができるでしょう。

ふだんでも、保管場所から必要な物を取り出すとき、一緒に入っているほかの紙もついでに見直す習慣をつけておくと、効率的に整理できます。

枠の近くにシュレッダーを置く

不要な紙はすぐシュレッダーにかけられるよう、紙の保管場所の近くにシュレッダーを置くと便利です。

わが家では、ダイニングテーブルの下にシュレッダーを置いています。「紙ポスト」

の箱の中身を点検したあと、いらない物は即シュレッダーにかけられるので、とても重宝《ちょうほう》しています。

必要ではないが取っておきたい物は埋める

子どもが描いた絵や作文、もらった賞状などの紙類は、稼動する物ではありませんが、不必要な物として捨てることもためらわれます。

こういう思い出の物は、ほとんど見直すことはないので、天袋やベッド下の収納など、動かない場所に完全に埋めてしまいましょう。

埋めておくと、ある日突然、すべて手放せるときがくる可能性があります。

あるお宅では、息子さんの小学生のときの絵や作文はもちろん、ランドセルや体操着なども捨てられず、全部取ってあったのですが、成人して家を出た息子さんが帰省した折に「全部いらない」と言われて、一瞬にして捨てることができたそうです。

本が好きで手放せない人へ

本が好きな人はなかなか本を手放せません。何度も読み直すものではなくても、取っておきたい。近くに置いておくことに意味があるのです。

多分、知識をいろいろ蓄《たくわ》えたいので、本が増えてしまうのでしょう。向上心と知的好奇心がある人が私は好きです。ですから、「本を処分しなさい」とはけっして言いません。自然に処分したくなるのを待ちます。

では、それがいつかということです。本に囲まれている人でも、更地のスペースがあらわれて、そこでやりたいことができるようになると、「もういいかな」と手放す気持ちになるものです。

ご主人が本好きで、書斎は本や紙類で〝地獄〟のようになっているお宅がありました。「ここは手をつけなくていい」というご主人の希望でしたが、リビングや寝室などほかの部屋が劇的にきれいになっていくのを見て、気持ちが動いたようです。

「書斎も片づけて」ということになったので、これはチャンス！ と、スタッフ総出で書斎を片づけることになったのです。

ひとまず本を寄せて、書斎を更地にしたところ、あんなに片づけに無関心だったご主人の気持ちが変わりました。せっかくできた更地をキープして、好きなことを楽しみたくなったようです。

夫婦ともに本好きでしたが、その後、自分たちのスペースができたことで、もう読まなくなった本を大量に手放したそうです（YouTube『週末ビフォーアフター』１５７話参照）。

本好きの人は頭がいい人が多いので、読んだ内容はおおかた頭に入っているはずです。本人さえ納得できれば、本を手放しても大きな不都合はないでしょう。

〝本の沼〟から抜け出せない人は、一度本を寄せて、更地のスペースをつくってみましょう。もしかしたら気持ちが動くかもしれませんよ。

仕組み⑦

服だまりを攻略する

服の片づけはなぜ大変か

生活するうえで、自分の服やかばんをきちんと自分の部屋まで持っていける人は何人いるでしょうか。

外から帰ってくると、脱いだ服や持っていたかばんをそのへんにポイポイ置いてしまう。だから服類があちこちに散在して、片づけるのが大変になります。

もうひとつ、服が散らかる要因に〝洗濯問題〟があります。洗う、干す、畳む、しまうのそれぞれの場所が離れていると、「洗う」から「しまう」までの一連の工程のどこかで服が〝不時着〟して、所定の位置に戻りません。

動作が生じる「動作ポイント」と収納場所の間はできるだけ距離を短くするのが散らからない鉄則なのですが、うまく采配《さいはい》できていないお宅が多いのです。

さらに、収納の容量を超えて、服を増やしてしまう人もいます。安いからという理由だけで安易に服を増やしていると、やがて破綻《はたん》してしまいます。

あるお宅では、クローゼットに入りきらなくなった服を廊下の両サイドにフックでかけていったところ、服がどんどん増えていき、そのうち廊下全体が服の森のようになってしまいました。

玄関から入った人は、服の森をかき分けてようやくリビングに到達できるのです。

服は面積も大きいので、たまるとかなりのスペースをとってしまいます。いったん服だまりができると、次々と服が堆積していき、片づけるのがほとほといやになってしまいます。

そうなる前に、すっきり片づける仕組みをつくっておきましょう。

あちこちに点在している服を一カ所に

子どもが小さかったり、忙しくて時間がなかったりで、どうしても服だまりができてしまう家もあります。服だまりをつくらない仕組みづくりの第一歩は、家族の服を一カ所に集める場所をつくることです。

服を一カ所に集めると、稼動している物と稼動していない物を仕分けることができます。

でも、あちこちに散在したままだと、稼動している服と稼動していない服が交じってしまい、稼動している服までもが動かなくなってしまいます。

おおよそで言うと、クローゼットの中に稼動していない服が5割を超えると、とたんに服が動かなくなります。

それが服だまりをつくり、片づけの障害になるので、服を稼動率で仕分けるのはとても重要な作業になります。

服を一カ所に集めるために、できればファミリークローゼットをつくるといいでしょう。場所の余裕がない家は家具でスペースを区切って、ファミリークローゼットのスペースをつくってもいいと思います。

そして今稼動している服はファミリークローゼットに、稼動していない服はそれぞれの部屋に引き取ってもらい、使う時期がくるまで寄せておきます。

使わない間は、収納ケースに入れて積んでおいていいので、そのまま保管します。

なお、ルールとして、各自の服はリビングに持ち込まないよう決めておきます。リビングに服のチョイ置きが始まると、それが呼び水となって服がたまり、あっという間にパブリックスペースに服だまりができるからです。

ファミリークローゼットは上中下で構成

今使う物や稼動率の高い物は、腰の高さから背丈までのゴールデンゾーンにおさめます。しかし、ゴールデンゾーンはそれぞれの身長によって異なります。

ファミリークローゼットの場合、上中下で考えると、片づけが楽になります。

つまり、上段は身長がいちばん高いお父さん、中段はお母さん、下段は子どもというイメージです。

ただし、小さい赤ちゃんがいるときは、家事のしやすさを考えて、稼動している赤ちゃんグッズ（紙おむつ、着替えセット、おしりふきなど）はまとめていつもいる場所の近くに置いてもいいと思います（ストックはのぞく）。

子どもが自分のことをできる年齢になったら、ファミリークローゼットに行って身支度できるように習慣づけましょう。

そのためにも、ファミリークローゼット内の子ども服は子どもの背丈に合わせたゴールデンゾーンに置くことが大事です。

親の服より子どもの服を優先する

子どもの服は親の服より稼動率が高いはずです。子ども服は洗濯する量も多いですし、1日のうちに何度も着替えることもあります。子どもの服のほとんどは毎日稼動していると言っていいでしょう。

一方、親の服は、冠婚葬祭用やおしゃれ着など、今稼動していない物もたくさんあります。そういう服は僻地など、邪魔にならないところで管理をし、限られたスペースは稼動している子どもの服を優先しましょう。

親の服を寝室の鴨居《かもい》（障子やふすまなど引き戸の上にある溝のある部位）にぶら下げているお宅がありました。小さい子どもが2人いて、お母さんは育児にてんてこまい。片づけをしている余裕はありません。

気がつくと、鴨居中に服がぶら下がり、床の上にも取り込んだ洗濯物が置かれているすごい状態になっていました。

この家は寝室にある大容量の押し入れの中がスカスカでしたので、その中に今動いている物や洗濯物がかけられる場所を確保。玄関脇の洋室を物置部屋にして、そこに大人の服を集めました。

また、子どもの服やグッズは、寝室の押し入れの近くに子どものコーナーをつくってまとめました。

こうして鴨居や床にあった大量の衣類がなくなったことで、寝室に子どもが遊べる広いスペースが出現したのです（YouTube『週末ビフォーアフター』91話、92話参照）。

服は場所をとるので、放っておくとすぐに大きな山になります。特に親の服は子どもが生まれる前からたまっているので、子どもが生まれたらある程度整理して見直しましょう。

今着たい服しか買わない

稼動率から考えると、つねに今着たい物しか持たないのが正解です。今着ない服が多くなればなるほど、クローゼットの中に服が増えて、出し入れがしにくくなり、外に出しっぱなしになるからです。

いつも最新の服でおしゃれがしたい人は、シーズンが終わったら古着回収に出したり、人に譲ったりしてクローゼットの中を見直し、つねに適量を保つように心がけましょう。

そうしないと、毎年、最新の服を買うことになるので、すぐにクローゼットがパンクします。

私の場合、あまり新しい服は買わないで、今ある物を回すというやり方で服の全体量を保っています。買い換えるとしたら、普段着だけです。

たとえば、Tシャツと黒パンツはいつもの作業着なので、年に3、4枚はつねに買い換えています。

でも、それまで着ていた物は必ず廃棄するので、普段着が増えることはありません。

1枚買ったら1枚捨てるという仕組みにしておくと、服の総量は増えません。

CHAPTER 5

片づけ音痴のための処方箋

「片づけ音痴」度チェック

- □ ちょっと多めに買い物をしがち
- □ 小さいほうより大きいほうを選択する
- □ 箱買いが多い
- □ 安いと、今必要なくても買う
- □ 家の中の掃除が行き届いていない
- □ いつも「片づけなくちゃ」と思っている
- □ 状況把握が苦手
- □ 目的を忘れがち
- □ 「いる」「いらない」をずっとやっている
- □ 解決策は「捨てる」だけだと思っている
- □ 面倒くさがりの性格
- □ チョイ置きするくせがある

※チェックが3個以上の人は、片づけ音痴の可能性があります。

「片づけ音痴」という宿命？

あるお宅の片づけ作業を進めているときでした。ふと、世の中には根っから片づけが苦手な人、つまり「片づけ音痴」のような人がいるのではないか、という思いが頭をよぎったのです。

というのも、すごく真面目《まじめ》で、頑張っていて、一生懸命家を片づけようとしているのに、いっこうに家の中がきれいにならない人がいる。なぜなのだろうという疑問がずっとあったからです。

仕事が終わったあとスタッフに話したら、「そうだ、そうだ」と大盛り上がり。スタッフのみんなも同じことを感じていたのです。

これはあくまでも私の仮説なのですが、練習しても歌がうまくならない音痴の人がいるように、あるいは運動が下手な運動音痴や、方向感覚が鈍い方向音痴がいるように、もしかしたら、頑張っても片づけがうまくいかない「片づけ音痴」という人たちがいるのではないか、と思うのです。

生まれつきの気質なのか、育った環境のせいなのか、それとも何かほかの原因なのか、よくわからないのですが、どうしても片づけがうまくいかない「片づけ音痴」としか言えない人たちがいるとしたら……。

音痴の人に「歌をうまく歌って」と言っても限界があるように、片づけ音痴の人に「家をきれいに片づけて」と言っても無理なのかもしれません。

だとしたら、そういう人は必要以上に自分を責めなくてもいいのではないでしょうか。

もし自分が片づけ音痴であれば、人より家が片づかないのは仕方がないでしょう。だって音痴なのですから。でも、だからといって、散らかったままでいい、と言っているわけではありません。

自分が片づけ音痴かもしれない、という前提を踏まえたうえで、その特性を自覚してどう乗り越えるか。それを考えていけば、今よりずっと生活は楽になるはずです。

運動音痴には運動音痴に適した運動のやり方や上達の方法があります。片づけ音痴だから仕方ないとあきらめるのではなく、片づけ音痴だからこそやり方を工夫して、家をすっきりきれいにする方法はあるはずです。

この章では、片づけ音痴と思われる人に向けて、傾向と対策を考えていきたいと思います。

なぜ掃除が行き届かないのか

片づけ音痴の人の特徴として、私が第一に挙げると、家の中の掃除が行き届いていていないことがあります。

片づけ音痴の人の中には、リビングなど人が来るところは、見える範囲できれいにしている人もいます。

でも、そういう人でも、棚の奥、家具の後ろ、引き出しの中など、細かいところにほこりがたまっていて、何年もそのままという人が多いように思います。

私が思うに、掃除が行き届かないのは、掃除が苦手なのではなく、片づけに必死すぎて、掃除まで行き着かないからではないでしょうか。

それに、家の中が片づいていないので汚れにも気づきません。汚れに鈍感になったまま過ごしているので、汚れすらも景色の一部になって、見慣れた景色になってしまっているのだと思います。

あるお宅を訪問したときでした。奥さんが「古堅先生がいらっしゃるので、昨日1日かけて、一生懸命掃除したんです」と言っていたのですが、テレビの画面やそのふちには、ほこりがびっしりついていました。

またサッシのレールや窓ガラスも汚れだらけで、「どうしてこの汚れに気がつかないのかな」と不思議に思ったことがあります。

また、ある家は、物をだいぶ処分して一見すっきりした景色でしたが、棚の奥や床の四隅に積年のほこりが積もり、ドアノブやコンセントにも手垢《てあか》がついていました。「この家の家主も、もしかして片づけ音痴？」と思ったのですが、案の定、収納の中はちぐはぐで、稼動率も低い家だったのを思い出します。

もし、自分の家の掃除が行き届いていなかったり、部屋の四隅がほこりだらけだったりする人は、単なる掃除嫌いではなく、もしかしたら片づけ音痴なのかもしれません。

稼動率を上げる＝汚れがたまらない環境にすること

掃除が行き届いていないと感じたらどうするか。まずは更地にする、つまり、物を寄せて景色を変えるのがいちばんです。

物が多いと汚れが見えません。でも更地にすると、汚れていることに気づきます。そのタイミングで、一度すみずみまできれいに掃除するのです。

掃除機をかけたり、拭いたりするのは面倒くさいのですが、その面倒なことを更地をつくった段階で頑張ってやり通し、その後、稼動率を上げる仕組みを導入すれば、ずっと「きれい」を保てます。

長年積もった汚れを掃除して、更地をピカピカにすると、空間も収納も輝きます。

私のYouTube『週末ビフォーアフター』をご覧になっている方は、アフターの景色だけに注目されると思いますが、あの景色にたどり着くまでの道中、私たちはひたすら掃除しています。

訪問する家によっては、作業時間の半分以上は、片づけより拭いたり掃除機をかけたり、掃除をしている時間が長いことがあります。

これほど掃除にこだわるのは、汚れをそのままにして、いくら物をゴールデンゾーンに並べても、ベトベトして汚いので動かさない、結果、稼動率が下がるということが実際に起こるからです。

稼動率を上げるには、掃除をして、きれいな空間で物を出し入れする必要があります。そうすれば、たとえ何かで使って汚れがついたとしても、秒できれいにできるので、あとで掃除をする時間が圧倒的に短縮できます。

でも汚れをそのままにしておくと、こびりついた汚れを取るのに時間がとられて稼動率が下がります。

生活していれば、物も人も空間も必ず汚れます。人間がお風呂に入って体をきれいにするのと同じように、家や物もきれいにしてあげてください。

そのためにも、一度更地にして、きれいに掃除をしたあと、第4章で紹介したさまざまな仕組みを導入して、メンテナンスしやすい空間、つまり掃除しやすいすっきりした環境をつくる必要があるのです（YouTube『週末ビフォーアフター』70話、71話参照）。

小さいお子さんが3人いるお宅に、キッチンの片づけの作業で入ったことがあります。「稼動率の高いキッチンにしたい」という要望でしたが、キッチンの物を並べ替える前に、キッチンにあるすべての物を出して、シンクや棚、床、収納家具の中と外の掃除を徹底的に行いました。

小さい子どもが3人もいて、しかも奥さんは働いていましたから、どうしても掃除が行き届きません。キッチンも汚れがたまっていました。

すみずみまできれいにするのは大変な作業でしたが、ここを手抜きすることはできません。**きれいな空間にきれいな物をおさめて、きれいな物を出し入れするから、稼動率が上がり、家も物も汚れにくくなります。**

頑張ってキッチンをピカピカに磨き上げ、稼動率の高いキッチンをつくってから作業を終了しましたが、それからしばらくして、感動のメールをいただきました。

なんと、あれから奥さんはこれまでできなかった掃除をきちんとするようになったというのです。なぜなら掃除の手間がほとんどかからないため、あっという間にきれいにできるからです。これは『週末ビフォーアフター』の175話のお宅のその後のエピソードです。あんなに家が片づかないことで悩んでいた奥さんが、「毎日が楽しい」「子どもが家事の手伝いをしてくれるようになった」とメッセージを送ってくれて、私はうれしくなりました。

頑張って掃除をした甲斐《かい》があったというものです。みなさんも、寄せて、埋めて、更地をつくる際には、必ず掃除をセットにしておいてください。

寄せて埋めるだけでも大変なのに、そのうえ掃除まで！ と思うかもしれませんが、たった一度だけ、頑張って徹底的に掃除をすれば、あとはずっと天国です。

5年、10年と掃除をしないで放置するから、「家ごと捨てたい」と思うくらい収拾がつかなくなるのです。

更地にしたとき、必ず掃除もする。それをするかしないかで毎日の生活ががらりと変わります。

「片づけるのではなく、元の景色に戻す」と考える

片づけ音痴の人は、いつも片づけのことを考えています。

物だらけで足の踏み場もない状態だったあるお宅では、奥さんが「先生、私、きれいな家に住みたいんです。でも、そのためには片づけないといけませんよね。どうしたら片づけられるようになりますか？」と思い詰めたように、問いかけてきました。

私のYouTubeを見て、わらにもすがる思いで連絡してきたそうです。お子さんが2人いるその人は、共働きをしながら、子育ても頑張ってきました。私から見れば、立派なお母さんです。

でも、おそらく片づけ音痴のため、片づけても片づけても家の中が片づかない。そうやってずっと自分を責め続けながら、片づけに向かい合ってきたのでしょう。

この奥さんのように片づけ音痴の人は、いつも片づけのことを考えていて、ちょこちょこ片づけてはいるものの全然片づかない、というパターンが多いように思います。

そうなってしまう原因は、今まで何度も取り上げている稼動率という視点が抜けているからです。

やみくもに片づけても、稼動率が悪ければまた物は出しっぱなしになり、散らかってしまいます。

きれいな家に住むためには片づけなければいけない、という思い込みをまず捨てましょう。片づけより、収納の稼動率を上げて、使った物は元に戻すことのほうがはるかに重要です。

つまり、**部屋の景色を保つために収納の稼動率を上げて、使ったらすぐに戻せる仕組みをつくる**ことです。

「うちは片づいていないな」と思ったら、片づけにとりかかる前に収納の中を点検してください。収納におさめた物がどれくらい動いているのか、特に一等地や動線上にある収納の中がどうなっているのか、そこからスタートするのです。

片づけ音痴の人の収納は、稼動すべき収納の中にほとんど使われていない物が入っていることが多いものです。

動いていない物を見つけたら、僻地に移動させるか、僻地の収納がいっぱいなら、ひとまずダンボールに入れて邪魔にならないところ（なるべく僻地）に置き、稼動させたい収納に空きをつくります。

また、部屋に出しっぱなしになっている物は、稼動する物と稼動しない物に分け、稼動する物だけを収納に戻していくのです。稼動しない物は僻地の収納か、一時保管のダンボールに埋めてしまいます。

これが、本当の意味での「片づける」ということです。片づけ音痴の方は「稼動率」という視点を忘れないようにしましょう。

圧倒的に買い物下手なのはなぜ？

持っている物の量が多すぎるため、片づかない家がたくさんあります。その原因のひとつが買い物下手にあります。

共働きが増えて、買い物をする時間がないという理由もあると思いますが、片づけ音痴の人はたいてい買い物が下手です。まず、物を買うときはちょっと多めに買ってしまいます。小さいほうと大きいほうなら、必ず大きいほうを買ってしまいますし、バラではなく、箱で買ってくるのもよくある傾向です。

きっと〝お得感〟に敏感なのでしょう。ですから、特売品があると今必要でなくても多めに買ってきてしまいます。

消耗品なら、いずれ使うから余分に買っておいてもいい、という感覚なのでしょうが、それがスペースをふさいで稼動率を下げ、ますます物を滞留《たいりゅう》させて生活のクオリティを下げてしまうのなら、買わないほうがましです。

ストックを余分に買い込まないようにするには、ストックを見えるようにしておくのがいいでしょう。

たとえば、ストックのバックヤードをつくり、在庫管理ができるよう並べておくとか、今使っているストックの後ろに予備のストックを置いておき、「このストックはまだあるな」と気配を感じさせるようにします。

お買い得な消耗品を見つけても、もう収納に入りきらないときは買わないこと。景色を犠牲にしてまで、5円安いトイレットペーパーが必要か、と冷静に考えてみることが大切です。

また、必要がない収納グッズや収納家具を買ってくるのも、片づけ音痴の人の特徴です。収納が増えれば、物が片づくわけではありません。

実際はその逆で、グッズや家具が増えれば、増えたぶんだけスペースが狭くなり、暮らしにくくなります。

収納グッズを増やすのではなく、今ある収納を最大限活用し、稼動率を上げること。そちらが先です。私は片づけの作業で訪問する家でも、ほとんど収納グッズや収納家具を増やすことはしません。

どんなに物があふれていても、今ある収納でなんとかします。できるのです。稼動率を考えて、動く物と動かない物を仕分けし、もし収納スペースがなければ、ひと部屋を犠牲にして物置部屋をつくるか、空間を仕切って物置スペースをつくり、対処します。

片づけ音痴の自覚がある方は、くれぐれも買い物は慎重に。自分は買い物下手と認識して、安易に物を増やさないようにしましょう。

目先に振り回されて、目的を見失いがち

片づけ音痴の方は、「そもそも何のために片づけるんだっけ？」と本来の目的を忘れて、目先のことに振り回される傾向があります。

「家族みんなが快適で、清潔な環境で暮らすために頑張っている」はずだったのに、そこを忘れて、片づけの方法論に突っ走ってしまう人がたくさんいます。

たとえば、便利だと推奨《すいしょう》された収納グッズを山のように買ってしまい、家中収納グッズだらけで、家族そろって満足に食事をするスペースさえない状態になったり、お掃除グッズが何種類もあって場所をとり、そのせいできちんと掃除ができなかったり。

雑誌で見た収納をそのまま真似て、自分の家の間取りや家族構成に合わないレイアウトにしたために、使いにくくて、年老いた親が転んでケガをしてしまった家もあり

ました。本末転倒《ほんまつてんとう》とはまさにこのことです。

まず考えるべきは、自分の家族が快適に暮らせる環境はどういうものかということです。

この家族構成で、この間取りだったらこの物の量は多すぎるとか、これだけの収納にこれだけの物は入りきらない、といった全体像をつかまないといけません。

子ども2人と夫婦で2LDKのマンションに住んでいるお宅の例です。

どの部屋にも物があふれ、収納は物でパンパンでした。そんな状態であるにもかかわらず、アマゾンからは毎日物が届き、週末にはコストコで大量の食材を買ってくるのです。

もともと物が多いので、物が増えてもわからない典型的な例でした。私がざっと見たところ、この家の物の適正量は今の半分です。

でも、奥さんもご主人も「物は処分したくない」と言うのです。そして、2人の希望は「きれいに片づいた空間に住みたい」でした。

目標は「きれいに片づいた空間にする」。でも、物の量は空間の容量を超えています。

どうするのかとなったとき、目先の物を片づけたり、並べ直しても、そもそもが容量オーバーですから、目標である片づいた景色をつくることはできません。

物を取るのか、景色を取るのか、選択をするのはその家に住む人自身です。

物がたくさんあるほうが便利だと思うなら、景色はあきらめないといけないでしょう。でも実際は、物がたくさんあるほうが不便で暮らしにくいのです。

なぜなら、収納の稼動率を上げて散らかりにくい景色を実現した暮らしを一度でも経験すれば、こちらのほうがはるかに快適で暮らしやすいことがわかるからです。


とにかく、そのご夫婦にも、物を取るのか、景色を取るのか二択の決断をしてもらい、「すっきりした景色をつくる」という目標を明確にしてもらいました。

そして、物を捨てたくないというご主人と奥さんのために、ひと部屋を犠牲にして物を詰め込み、〝地獄の物置部屋〟をつくりました。

稼動していない物はみなこの部屋に運び込み、家族みんなの共有スペースであるリビングと寝室にはよけいな物を置かない——、この方針でスタッフ総出で物を寄せたところ、なんとか2部屋、リビングと寝室だけは家族がくつろぎ、休める空間にできました。

目標を明確にして、そのために何をしたらいいのかを逆算して考えた結果です。

でも本当は、〝地獄の物置部屋〟もなんとかしないといけません。物を減らすことができれば、物置部屋の中に子どもが勉強するスペースをつくることも可能でした。

地獄の物置部屋と、天国になったリビングや寝室を比べたとき、このご夫婦の物に対する執着《しゅうちゃく》が消えてくれることを信じて、その日の作業を終えました。

「すっきりきれいに片づいた家に住みたい」という目標があるなら、その目標をつねに頭の中に掲げながら、そのためには今どうしたらいいのか？　今買おうとしているこの物は必要なのか？　目標から逆算して今を考える発想が重要なのだと思います。

「捨てなくちゃ」の呪いでがんじがらめ

「先生、物を捨てないといけないんですよね」

「たくさん捨てたんですけど、まだ家が片づかないんです」

「捨てようと思っても捨てられないんです」

片づけ音痴の方から決まって言われるのは「捨てる」という言葉です。「片づける＝物を捨てる」という固定観念が強いからでしょうか。

でも、「片づけ」と「捨てる」はまったく別のものです。私の YouTube をご覧になっている方はおわかりだと思いますが、私は「捨てないで」という要望があれば、何ひとつ物を捨てることなく、片づけを行っています。

物を捨てなくても片づけはできます。「捨てる」からスタートすると気が重くなって片づけが進まなくなりますが、捨てなくても部屋は片づく、と考え方を変えれば、プレッシャーは軽くなって片づけへのハードルが下がります。

とはいっても、物の絶対量が多い場合は、なんとか減らさなくてはいけません。そういうときの解決策として、**「捨てる」ではなく「めぐらせる」**という方法があることを覚えておいてください。

人にあげたり、譲ったり、リサイクルに出すなどはめぐらせる方法のひとつですが、そういう相手がいないときは、自分自身が一度使ってみる、というやり方もあります。一度でも自分が使えば、物にとってもそのまま捨てられてしまうより、うれしいのではないでしょうか。

私は今でも現役でお掃除の仕事も続けているのですが、これまで定期的にうかがっているお客さまから「これ、使わないから、あなたにあげるわ」と、よく物をいただくことがあります。

同じお掃除の仕事をしていた仲間の中には、お客さまからのいただき物を断る人もいましたが、私は物がかわいそうで、どうしても断ることができませんでした。そもそも私は物を捨てるのがあまり得意ではありません。物を大切に使っていきたいと思っていて、物を簡単に捨てたくないから、ふだんから増やさない。

そこで私はどうするのかというと、もらった物はたとえどんな物でも、必ず一度は使ってみることにしています。

飾り物なら、しばらくわが家のリビングに飾っておいたり、服飾品なら一度は身につけてみたり、生活グッズなら使ってみたり……。気に入ればそのまま使い続ける物もあります。気に入らないときでも、一度は使っているので、罪悪感なく手放すことができます。

まだ使えるのに捨てるのはもったいないという人が多いのですが、使わずにずっとそのままにしておくのと、捨てるのとでは、どちらが物にとって幸せでしょうか。

物は使われるためにこの世に生まれてきたのですから、使われなくなったら処分されて、次の物にスペースを明け渡すのが物としての本望ではないかと、私は思うのです。

その意味でも、一回自分が使って、物の使命を果たさせてあげてから処分するのも「めぐらせる」というやり方のひとつです。

もったいない気持ちとどう付き合うか

「めぐらせる」というこの方法は、「もったいなくて物が捨てられない」という人にも有効な考え方です。捨てられない人は、物を寄せて、埋めたあと、そのままにしないで少しずつ順番に使ってみるといいのです。

使い勝手がいいなら、晴れて稼動する物に昇格させてあげればいいし、どうにも使い勝手が悪いというなら、思い切って捨てられるはずです。

捨てられずに、使わない物がたまっていくという人は、ぜひ、一度自分で使って、使い心地を試してみる方法をおすすめします。

そもそも、もったいないと思うのならちゃんと使ってください、という話です。使いもせずに放置して、ただただ空間を無駄に占拠しているほうがもったいないと思ってください。

あるお宅で、収納ケースが押し入れ満タンになるくらい余ってしまったことがありました。

それまで収納ケースに入れていた物を稼動率で仕分けていったら、ほとんど稼動していないことがわかり、大部分を処分したので、空の収納ケースが山ほど余ってしまったのです。

どうするのか本人に聞いてみると、「『ジモティー』に出します」とのこと。私はすごくいい決断だと思いました。

もったいないと思うのならぜひ使ってほしいし、自分で使いきれないなら使える人に譲ってほしい。『ジモティー』は地元の人が対象なので、物をめぐらせることでコミュニケーションも増えるかもしれません。

ただ単にゴミとして捨てるより、意味のあることだと思います。もったいないという気持ちはとても大切なことですから、その気持ちを尊重しつつ、人にも物にもやさしい結末を探してほしいと思います。

面倒くさがりにおすすめのグッズがある

私の経験からすると、面倒くさがりの性格の人は片づけ音痴になりやすいといえます。面倒くさいので、使った物を戻さず、そのへんにポイポイ置いていく人が多いからです。

こういう人におすすめなのが、折り畳めるボックスです。わが家の場合、洗濯物を取り込むときに、ひとまずこの折り畳みボックスを出してきて、この中にサッと入れてしまいます。

わが家の緊急時用の折り畳みボックス。畳めばコンパクトになり、保管する際も場所をとらない。

折り畳み式のざっくりボックスと思ってもらっていいでしょう。

あくまでも緊急避難用なので、中身を所定の場所に戻したあとは、折り畳んでしまっておきます。場所をとらず、とても便利です。

小さい子どもがいるお宅なら、子どもがおもちゃを広げたとき、いったんこのボックスに入れて、散らかりを回避することもできます。

このボックスはキャンプ用品として売られていることが多く、価格は少し高いのですが、日々の暮らしの中でたくさん稼動すれば、十分元は取れるでしょう。

また、140ページで紹介した平台車も、重い物を動かすのに便利です。玄関に水やお米、ダンボール類を放置してしまう人は、ぜひこの平台車を使って移動させてください。ちょっと押すと軽々と動くので、面倒くさがりの人にはぴったりです。

最近、家具インテリア量販店で発売された、組み立て式のベッドもおすすめです。女性ひとりでも簡単に組み立てられるうえ、価格も2万円を切るくらいと手頃。ベッド下にスペースができるので、物を埋める場所としては最適です。

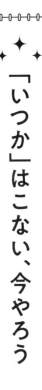

「いつか」はこない、今やろう

片づけが苦手な人のお決まりの言葉は、「いつかやる」「いつか捨てる」です。

「これ、いらないんですけど、いつか捨てます」

「今は忙しいので、今じゃないんです」

そんな言葉を口にしていないでしょうか。その「いつか」は、はたしてくるのでしょうか。

片づけ音痴の人は、物事を先のばしにする傾向があります。先のばしにするから、物は片づかずにずっとそこにあり続けます。やがてそれは景色の一部となり、何の違和感もなく、そこに溶け込んでいくのです。

ですから、「片づけよう」と思ったときがチャンスです。「これ、どうしよう」と思った気持ちを大事にしてください。

そしてひとりで抱え込まずに、家族にも相談してください。もし、家族が協力的でなかったら、試しに一緒に私のYouTube『週末ビフォーアフター』を見てください。

これは使うのか、使わないのか。使うとしたら、いつ使うのか。どんな使い方をするのか。使う頻度はどれくらいか。

すぐに結論が出なくても、とりあえず、放置されていた場所から物を動かしてみましょう。景色が変わるので、心が動きます。心が動けば、片づけようという前向きな気持ちも生まれます。

そこから生活も、家族関係も、そして人生も少しずつ動き始めます。

おわりに

私は、「片づけができない」と半ばあきらめている人たちにたくさん会ってきました。でも、そんな人たちが180度変わる瞬間を何度も目撃しています。どんな人でも、ちょっとした工夫や仕組みを知ることで、今よりずっと片づけが楽になり、快適な生活ができるようになります。誰でも希望が持てるのです。

そもそも片づけが苦手になったのは、家族が増えて目の前の家事や育児に追われるようになり、片づけまで手が回らないからということが多いのです。

言い換えると、環境さえ変われば、誰でも片づけができるようになります。希望を捨てないでください。

苦手な片づけを克服するには、夢や目標を持つことだと私は思います。ただ漠然と「片づけなきゃ」だと、義務感に強制されて気分が重くなります。

「いつかやろう」と思っても、その「いつか」は今日でも明日でもないので、ずっと義務感を抱えたまま、うつうつとした毎日を過ごすことになります。

でも、リビングを素敵な空間にしてお友だちを招くとか、自分の部屋を趣味のアトリエにするとか、家族みんなで楽しく食卓を囲みたいなど、何かワクワクする目標があると、物を動かすことも楽しくなります。

「お姑《しゅうとめ》さんが訪ねてくるから」とか「ご主人が片づけろと怒るから」とか「娘が里帰り出産をするから」など、やむにやまれぬ事情で片づけを迫られることもありますが、どうせならネガティブな目標より楽しい目標のほうがワクワクするし、モチベーションも長続きします。

片づけが苦手と思う方も、ぜひ楽しい目標を設定してみてください。そのスイッチが入れば、片づけも苦行ではなく、楽しみに変わっていくでしょう。

私の本とYouTubeの動画が、みなさんとご家族の快適な生活や幸せな人生に少しでも貢献できれば幸いです。

すべては家族の笑顔のために——。

２０２４年２月

幸せ住空間セラピスト　古堅純子

古堅純子（ふるかた・じゅんこ）

幸せ住空間セラピスト。

1998年、老舗の家事支援サービス会社に入社。20年以上現場第一主義を貫き、お客様のもとへ通っている。5000軒以上のお宅に伺いサービスを重ね、独自の古堅式メソッドを確立。個人宅や企業内での整理収納コンサルティング、収納サービスを提供する傍ら、これまでの経験を生かして家事効率化支援事業を展開。著書累計は67万部を超える。テレビ、ラジオ、雑誌などメディア取材協力も多数。

快適な住空間を構築するコツやノウハウ満載のYouTubeチャンネル『週末ビフォーアフター』は、登録者数25万人超。総再生回数は9800万回を突破（2024年2月時点）。

片《かた》づけ0《ゼロ》ですっきり暮《く》らす
稼動率《かどうりつ》が上《あ》がる収納術《しゅうのうじゅつ》

2024年3月25日　第1刷発行

著者　古堅純子《ふるかたじゅんこ》
発行者　佐藤靖
発行所　大和《だいわ》書房
東京都文京区関口1-33-4
電話03(3203)4511

デザイン　内村美早子(anemone graphic)
協力　田上晃庸　田上琴珠　伊藤妥渚美(株式会社H&J)
横川未来美(株式会社SDM)
編集協力　辻由美子
校正　藁谷理恵子(メイ)
編集　滝澤和恵(大和書房)

本文印刷　厚徳社
カバー印刷　歩プロセス
製本　小泉製本

ISBN978-4-479-78603-0